さよなら英文法! 多読が育てる英語力

酒井邦秀

筑摩書房

【もくじ】

この本を読むみなさんへ　011
　本書第1部について／「日本英語」という呼び方について／幕間について／第2部について／「多聴」について、「話す」「書く」について／本書で使用した資料について／『どうして英語が使えない？』を読んだみなさんへ

第1部　問題篇

第1章　彼と彼女の話——文法の一対一対応　019
§1　Heは「彼」ではなく、sheは「彼女」ではない　019
　翻訳ものは売れない！／読みにくい理由／sheを「彼女」と訳した理由は？／理由は「文法の一対一対応」／訳す？ 訳さない？／「彼・彼女」は削除してもいい？／**コラム**　lookとsee

§2　「彼・彼女」なしで訳すには……　032
　文法の一対一対応を捨てる／何がまちがっているか？／なぜまちがったか？／まとめ：訳すからわからなくなる／**コラム**　ほかの代名詞はどうなっている？　you＝I？　weはだれのこと？「彼ら」って？

第2章 「冠詞」：もう一度「この人だれだっけ？」
　　　　　　　　　　——情報のつなぎ役　043
　§1　訳すか、訳さぬか、それが問題だ……　044
　　幸薄き冠詞に愛の手を！／the は鉄筋／情報の整理係／コラム　「あなたはもう知っています」とはどういうことか？／the と「言い換え」という技／「言い換え」という仕組み／翻訳界の盲点／日本語には言い換えはない?!／the が無視されて、言い換えも無視された……／情報が消えた？／「忠実な醜女か不実な美女か」／アダム・スミス『国富論』！／古典翻訳の競合脱線／まとめ：無視されてきた理由／コラム　a はどうなっている？「どこの古池にどんな蛙が跳びこんだのか？」

第3章　過去か未来か、はたまた今か？
　　　　　　　　　　——時間表現の一対一対応　070
　全部ひっくり返してみたら？／日本語の時間表現／過去形を「……した」と訳して何が悪い？／三遊亭円朝の語り／日本語の文末は「た」と「る」が入りまじる?!／「た」「る」の混在は当たり前？／全取っ替え？／では「未来形」は？／will は「……だろう」「……でしょう」か？／脱「脱亜入欧」はいつ？／まとめに代えて——日本語の時間表現／なぜ過去形を「た」形で訳すのか？

第4章　語順という呪縛——孤立が無秩序につながる　094
　§1　英語を理解するには日本語を通さなければならない？
　　　　　　　　　　　　　　　　　　　　　　　　096
　　英文和訳は「日本人の宿命」？／ゾンビ現る！
　§2　英文和訳は誤読の元　099
　　語順てなに？／コラム　文法的に正しい語順変換？／マザ

ーグースから／解答篇：語順通りとは？／学校英文法違反／語順から句順、節順へ／二つの文にまたがる語順の乱れ／とてつもなく長い文章をどう読む？／長い文の料理法／原文の工夫を見逃し！／見逃しポイント1：原文全体は1文だが……／見逃しポイント2：男か女か、それが問題だ……／見逃しポイント3：二人はできている？／見逃しポイント4：文体／ふたたび、見逃しポイント1：語順こそすべて／語順の工夫はいらない！　作者の工夫を生かす／強く読むところ／語順はどのくらい乱れているか？／it ... that ... 構文の呪い／まとめ：語順の呪縛を解くには？／コラム　多読的精読とは？

第5章　決まり文句──縁の下の力持ちにスポットライトを

§1　決まり文句とは？
訊ねている？　叱っている？　『ハムレット』の謎のセリフ／そら見たことか！／1世紀前の見事な訳！

§2　100年以上気づかれなかった理由1──意味
熟語との対比／直訳でもなんとなく通じる……／解答：やる気はある？　ない？／こどもの決まり文句の怖さ／決まり文句の微妙さを翻訳すると……／決まり文句の不遇さ、日本英語の呑気さ／What's the matter with you? の誤り／What's the matter? とどう違う？／matter つながりで── for that matter／「会得しにくい句」？／英英辞典もあてにならない……

§3　100年以上気づかれなかった理由2──形
決まり文句は変幻自在！／巨大コーパスによっても、とらえにくい例／決まり切った場面で決まり切ったセリフ／ちっとも大丈夫じゃない場面／コラム「決まり文句」の定義──場面との結びつき／答えに窮した場面／大統領に答

えてもらえない屈辱的場面／Good point. という形もある！／文法好きの日本人留学生／いつか来た道、どこかで見た形／「かけら」しかない……

§4 ではどうする？——量の不足がすべての原因 187
犬も歩けば……

§5 言葉の最小単位 190
会話は決まり文句でできている！／言葉の最小単位は「語」ではない！／まとめ：すべては吸収量から／決まり文句から見えてくる外国語への道／コラム 書き言葉の決まり文句、詩と決まり文句

第1部 まとめ 199

幕間キョーゲン

第6章 おもしろうて、やがて哀しき……
——泣ける教科書の話 201

§1 検定教科書の実情——量の乏しさ 202
中学3年間の総語数／中学3年間の獲得語数／所要時間／コラム 総語数とは？ 多読とは？ 多読クラスとは／高校検定教科書の場合／副教材の英文量／問題は量の乏しさだけか？

§2 検定教科書の実情——量足らざれば質足るべからず 208
検定教科書の「人工言語」／文部科学省とダフ屋の秘かな関係／作った人々の頭の中／孤立した文の寄せ集め／わかりやすい例／またしても……孤立した文の寄せ集め／「禿の女歌手」／言葉はなんのためにある？／まとめ：文部科学省に別れを告げて

第2部　解決篇

第7章　絵からはじまる——澄んだ水をたっぷり　228
§1　絵本で日本英語の欠陥を越える
　　　　　—— *A Cat in the Tree* の場合　228
何かおかしくないか？／wall は「壁」？／get ってどういう意味？／コラム　get の意味をゲット！　ついでに catch の意味をキャッチ!!／「立てかける」って、なんて言うの？／climb は「登る」？／コラム　水平移動の climb を求めて……／stuck で詰まる／「お勉強」を勧めているわけではない！／まとめ：そっくり捨てて、頭のすすぎ洗いを

第8章　物語を注ぐ、物語が溢れる——生きた実例　245
見る前に跳べ
§1　樽が溢れた！　大量吸収の実例集　246
リボンさん（小学3年生）の場合——溢れるまでの期間：半年／その1：日英の時間表現／その2：決まり文句の活用／コラム　その後のリボンさん／その3：読み聞かせのすばらしさ／吸収とは？／Oさん（中学3年生）の場合——溢れるまでの期間：2年半／ある中学校の授業／孤立した英作文では達成できない……

§2　「物語の力」——言葉の根源？　258
中学1年生がスティーブン・キングを読んだ！／追い打ちをかけるように……／例外的だが、例外ではない／高校2年で「読むバイリンガル」／大学生の場合／大人の場合は？／まとめ／コラム　物語の力は物語として表れる

第9章 **物語の力**——どこから来て、どこへ行く？　270
　§1　「物語の力」の源——単語は増えるか？　271
　　反常識的語彙獲得／ざしき童子の消える瞬間——語の役割を体得すること／多読による語彙獲得に必要な語数と時間／単語集よりも効率的?!／5％説の矛盾／多読する人たちは常識を覆す／1冊の本、一つの世界、一つの物語……／本はジグソー・パズル／ピース一つでは……
　§2　「物語の力」の源——文法は身につくか？　285
　　文法も物語から／It should have been you.／「主役、やりたかったのに……」／物語 対 孤立した文／コラム　ＧⅠ、ＧⅡ、ＧⅢ／物語——浸ることの魔法／魔法その1：モネの絵を見るよう……／魔法その2：母語よりも早く……／浸りさえすればおとなだって……／コラム　語学学習クリニックの症例報告／いかに浸るか？／まとめ：物語の力でどこまで行けるか？

新たなはじまり　309

引用資料出典　312

さよなら英文法!
多読が育てる英語力

卓と、過去・現在・未来の
すべてのこどもたちに

この本を読むみなさんへ

　10年ほど前のある日、本棚の整理中に『現代英文法』(宮部菊男、南雲堂刊、初版1967年) という本を見つけました。これは大学英文科向けの教科書で、購入した当時のわたしは大学院生でした。英文法をあらためて勉強しなおそうと手に入れたものでしょう。そういえばこんな本を買ったのだったと何気なくページをめくって、わたしは愕然としました。
　その4年ほど前、つまり1993年にわたしは『どうして英語が使えない？——学校英語につける薬』(ちくまライブラリー、現在はちくま学芸文庫) という本を出版しました。その中で、受験英語の参考書を大いに批判したのでした。
　その4年後に見つけた『現代英文法』に『どうして英語が使えない？』で批判した英文とそっくりの奇妙な文章がいくつも載っていたのです。たとえば、わたしが批判した受験英語の参考書には The house whose roof you see beyond the bank is *Mr. Suzuki's*. という文がありましたが、この『現代英文法』には、The building the roof of which (or whose roof) we see is our school. という文がありました。どちらも「学校文法」的にはまちがっていませんが、実際にあるとは考えられない奇妙な文です。
　『現代英文法』の著者は、出版当時東京大学の先生で、英

語学が専門でした。ということは、受験英語の専門家が書いた本と、大学の英語学の先生が書いた本がそっくりの奇妙な英文を載せていることになります。『どうして英語が使えない？』を書いたときには夢にも思わなかったことでしたが、学校英語の害は受験英語の関係者だけでなく、大学の英語の先生にも広がっている可能性が見えてきたのです。

本書第1部について

けれども考えてみれば、学校英語の害が広がっているのは当然なのかもしれません。わたしは『どうして英語が使えない？』の中で、

学校英語は実際には使われない人工言語である

と書きました。もしその主張が妥当だとすれば、学校英語を勤勉に学習した人たちほど、その害を大きくこうむっており、奇妙な英語理解を持っているはずです。

そこでわたしは、受験英語から範囲を広げて資料を渉猟しました。すると、大学の英語の先生には勤勉に学校英語を学習した人たちが少なからずいるらしく、そういう人たちの「ゆがんだ」英語理解は探せばいくらでも例が見つかりました。どこがどうゆがんでいるのか、第1部ではそうした例について、読者の判断を仰ぎます。

「日本英語」という呼び方について

またさらに資料の範囲を広げると、文部科学省やNHK

や翻訳家といった、学校や大学の外にいる人たちにも学校英語の害は広がっているように思われました。そこで、この本では、学校英語と、その延長上で使われている日本独特の英語を総称して、「日本英語」と呼ぶことにしました。第1部「問題篇」は日本英語の勘違いについて、文法項目をいくつか取り上げて検討します。

たとえば過去形をいつも「……た」と訳すのは間違いであり、the は「その」ではなく、he / she を「彼・彼女」とするのもまちがいといっていいでしょう。また英語の語順を日本語の語順に直して訳すのはほとんどの場合まちがいであり、What are you waiting for? を「何を待っているのですか？」と訳すのも十中八九まちがいです。そして個々のまちがいの底に潜む大きな勘違いについて考えます。

幕間について

日本英語という建築物の安全性検証は悲惨な結果となりました。『どうして英語が使えない？』では学校英語について検証し、やはり悲惨な結果が出ました。学校英語から出た日本英語もまた、土台から構造、各種建材、電気水道ガス設備、内装、家具——あらゆる面で救いようがないように見えます。第1部と第2部の幕間で、そもそも日本英語の建築基準に当たる文部科学省の指導要領に大きな欠陥があることを実際の検定教科書で検証します。

第2部について

第1部で、悲惨な結果は理解できたとして、改善するため

にはどうすればいいのか？　第2部「解決篇」は危険な建物を壊して更地にして、あらためて安全で住み心地のよい建物を造り直す方法を提案します。それを本書では「多読」と呼びます。わたしのすすめる多読は辞書を引かず、文法に頼らないので、外国語は辞書と文法で学習するものと考えている人たちには、この上なく乱暴な方法と見えることでしょう。けれども、多読を実行して英語の本を日本語の読書と同じように楽しめるようになった人は、2001年に多読を広めはじめて以来7年ほどで、全国に1000人以上いると考えられます。その人たちの成果に勇気をもらって、学校英語とは180度ちがう方向から、外国語という山に登る道を紹介します。

「多聴」について、「話す」「書く」について

　2001年からウェブ上で提案しはじめた「多読」という方法は上に書いたように予想外に大きな成功を収めました。けれどもペーパーバックを日本語の読書同然に楽しめるようになった人たちは、そこに留まることなく「多聴」へと進んでいきました。第2部では、多読が聞くことへ、話すことへ、書くことへと広がっていくことも実例を挙げてお話しします。

＊　　＊　　＊

本書で使用した資料について

　第1部の資料は主に翻訳書を利用しています。本論にはいる前に、そうした翻訳書をなぜ、どうやって選んだのかを説明しておきます。

　10年前に愕然として以来、わたしは日本英語を吟味する

方法に頭をひねりました。その結果、英語をよく知っている人の翻訳を調べることにしました。

理由は、上に書いた「学校英語＝人工言語」というわたしの主張が妥当であれば、学校英語のできる人の勘違いこそ日本英語の根本的な勘違いのはず、というわけです。

これは素粒子の研究に巨大な粒子加速器が必要なことに似ているかもしれません。宇宙を作っている物質のうち、より根本的な粒子を探そうとすると、より強力な加速器を使う必要があるそうです。同じ理屈で（？）、日本英語の根本的な問題を探るため、「英語のできる人」による翻訳書を検証材料にすることにしました。「できる人」なら訳語や構文に関わる「初歩的な間違い」はしないはずなので、「根本的勘違い」だけが浮かび上がってくるはず……。

そこでまずわたしの愛読書の翻訳者を調べました。するとわたしの愛読書の翻訳は大学の英語の先生など、いわゆる「英語のできる人」による翻訳がほとんどでした。つまり参照した翻訳書はすべて原書を先に読んだ作品です。何らかの意図を持って翻訳者を選んだのではなく、愛読書の翻訳が自然に選ばれたことをお断りしておきます。引用文の書名、著者名、訳者名などをそのつど掲載せず、巻末にまとめたのも、それぞれを意図を持ってとりあげたと受けとられるのは、わたしの本意ではないからです。

『どうして英語が使えない？』を読んだみなさんへ

もう一つお断りしなければならないことがあります。わたしは『どうして英語が使えない？』の中で「学習者のための

新しい文法」を探っていると書きました。当初の予定をはるかに越えてお待たせしましたが、本書がその探索の結果です。なんと「文法はいらない」という結論になってしまいました。これは新しい文法をもたもたと探っているうちに、多読が予想もしなかった早さで広がりはじめ、文法に囚われずに英語が使える人たちが出てきたからです。そうした人たちの様子を注意深く観察した結果、言葉の獲得に文法はいらないという結論になりました。きっぱり「いらないものはいらない」と教えてくれた多読実践者のみなさんに、深甚なる感謝の気持ちを表します——ありがとうございました！

* * *

この本の第1部は、辞書と文法と訳読こそ外国語習得の道と考えている人たちのために書きました。多読をはじめたばかりの人は幕間から読むことをすすめます。

なお、第1部にはたくさんの「問題」と「解答」を事例として取り上げていますが、理屈っぽいと感じられたら、飛ばして読むことをおすすめします。それでもこの本の趣旨は伝わるのではないかと思います。

第1部　問題篇

　日本の学校英語には「決まり事」がいくつもあります。けれどもそこに、疑う余地はないのでしょうか？　たとえば he / she は本当に「彼・彼女」なのでしょうか？　また、定冠詞 the は「その」、過去形は「……た」と訳すことになっていますが、それでいいのでしょうか？　そして、「英語と日本語は語順が違うのだから、順序を変えなければ理解できない」とよく言われますが、そうでしょうか？　さらには What are you waiting for? は「あなたは何を待っているの？」でいいのでしょうか？

　わたしは『どうして英語が使えない？』の中で、語彙のレベルの「決まり事」を疑ってみました。いわく、water は「水」ではなく、head は「頭」ではない。いわく、a few は「2、3の」ではなく、of course は「もちろん」ではない……。こうした例を引いて英和辞典の構造そのものが辞書の名に値しないと主張したのでした。英和辞典を引いても、語の意味や役割は理解できないのです。

　辞書とならぶ英語教育のもう一方の柱は文法です。けれども、学校文法もまた英文の理解には役立たないように思われます。たとえば、学校では常に he / she は「彼・彼女」で

すが、日本語にはそもそも「人称代名詞」はありません。ですから、he / she を「彼・彼女」と訳すことは理解よりも誤解につながる可能性があります。また、定冠詞 the は「その」ではないし、過去形はいつでも「……した」と訳せばいいというものではありません。また、「英語と日本語は語順が違うのだから、ひっくり返して訳さなければ理解できない」という誤解は、わたしたちが言葉を理解する仕組みそのものを誤解しているように思われます。さらに What are you waiting for? を「あなたは何を待っているの？」と訳すことはほとんどの場合誤訳といってよいでしょう。

　第1部「問題篇」では、こうした代表的な文法項目からはじめて、いままでほとんど疑われることのなかった学校英文法の大きな決まり事を疑ってみようと思います。これまでの英語教育の常識によると、単語を辞書で引いて訳語を見つけ、文法構造に従って並べ変えれば訳文ができあがり、それで英文が読めたとしてきました。ここでは、「文法」にしたがって英文和訳しても英文は理解できないことを明らかにしましょう。

第1章 彼と彼女の話
——文法の一対一対応

§1 Heは「彼」ではなく、sheは「彼女」ではない

　ほとんどの人は、heは「彼」で、sheは「彼女」だと信じていることでしょう。そうではないと言われたら、「一体どういうこと？」と訝しく思うでしょう。それ以外の訳し方はありそうもないからです。欧米語を翻訳した小説には「彼・彼女」が氾濫しています。日本語の小説でも普通に使われているようです。

　わたしも長い間、「彼・彼女」を変だとは思いませんでした。けれども20年ほど前にあるきっかけで「he＝彼、she＝彼女」といった「決まり事」の奇妙さに気づかされました。そのころ、わたしは出身高校の後輩を家に呼んで、英文和訳の指導をしていました。そうした集まりが何回か続いたある日、指導が終わって高校生たちが帰ると、小学校に入る前だった息子が「どうしてあのお兄さんたちは「かれら、かれら」っていうの？」とわたしにたずねたのです。

　大学入試のための英文和訳でしたから、わたしはtheyを「彼ら」と訳すことを少しも不思議とは思っていませんでし

た。ところがこの一言でいっぺんに目が覚めました。たしかに「彼ら」という言葉は英語の授業では繰り返し耳にしますが、教室を出ると滅多に聞きません。小さなこどもの何気ない質問は学校英語の奇妙さを示唆する大きなきっかけとなりました。

たしかに英語の授業に頻出する「わたし、あなた、彼・彼女、われわれ、あなたがた、彼ら」は、考えてみると非常に奇妙です。わたしは鈍感だったのか、息子に言われて気づいたときには40歳を越えていましたが、中には「彼・彼女」の奇妙さにすぐに反応する人もいて、そういう人は中学校にはいってまもなく英語嫌いになることもあるようです。「I＝わたし」、「you＝あなた」といった決まり訳は、日常生活では聞くことが少ないので、言葉に敏感な人には耐え難い場合があるようです。

息子の質問以来意識が高まったせいか、わたしは日本の英語教育にまとわりつく人称代名詞の訳がいちいち気に障るようになりました。そしてその後20年の間に次第に、こどもが発した質問が示唆した学校英語と日本英語の欠陥ははるかに大きな構造的な欠陥につながっていることがわかってきました。

本書のはじめで書いたように、日本英語の大きな欠陥を、わたしが読んだ原書の翻訳を通じて考えます。たとえば、世間では翻訳ものは読みにくいと言われますが、その理由の一部は he / she を「彼・彼女」と訳すことが「不自然」だからかもしれません。英語の小説の翻訳をいくつか見て、he

を「彼」、she を「彼女」と訳すことが妥当なのかどうか、考えてみましょう。また妥当ではないとするとなぜなのか、日本英語を見直す第一歩として考えてみましょう。

翻訳ものは売れない！

「ハリー・ポッター」シリーズや『ダ・ヴィンチ・コード』は爆発的に売れましたが、概して翻訳書は好まれないようです。翻訳ものは売れないという悲鳴はいくつかの出版社から聞いています。たしかに、高い翻訳権料を払ったにちがいない海外のベストセラーで、日本ではほとんど知られていない例はたくさんあります。ジョン・ル・カレのスパイ小説は代表的な例でしょうし、ウンベルト・エーコの小説は『薔薇の名前』以外ほとんど読まれていないようです。デーヴァ・ソベルの『経度への挑戦』も、欧米では大ベスト・セラーなのに、日本では名前さえ知られていないと思われます。海外ではベストセラーなのに日本では不発だった本をまとめて紹介したら、きっと大部なおもしろい読み物になるでしょう。上に挙げた洋書そのものは寝る間も惜しいほどおもしろいのですから、売れない一つの理由は翻訳が読みにくいためかもしれません。

読みにくい理由

では翻訳のどこが読みにくいのか？　たとえば次の文章を見てください。デジレは女性作家で、『男』という本の原稿を書くためにイタリア山間の作家村に籠もっています。下の引用は、一日中夢中で執筆したあと、寝る直前の描写です。

まずはさらっと読んでみてください。一部の語を四角で囲んだ意味はあとで説明します。

>　裸足で収納箱の前に立って、片手で睡眠薬を一錠取って口にもって行きかけた デジレは 、書類挟みを開けて読みはじめる。 彼女は 、三ページにわたってタイプしたものを、自分でも気づかぬうちに、目を三度動かしただけで夢中になって終わりまで一気に読んでしまう。あんなに時間をかけ、あんなに苦労して見つけてつなぎ合わせた言葉がそれほど呆気(あっけ)なく読めてしまうということ、また、それらの言葉がきわめて曖昧で、きわめて不十分で、きわめて不確かだということは 彼女には 信じがたいほどだ。あした全部書き直さなくてはいけないだろう。 彼女は 睡眠薬を一錠飲んでから、続けてもう一錠飲む。今や、一切を忘却したいだけだ。睡眠薬が効いてくるのを待ちながら 彼女は 窓辺に立ち、作家村を囲む、樹木で覆われた丘を眺める。冷たい月光を浴びた単調で単色の風景だ。目の届く限り樹木。『男』のペーパーバックを百五十万部作るには十分の樹木だ。あるいは二百万部。「伸びよ、木よ、伸びよ！」と デジレは 囁くように言う。 彼女は 、敗北するかもしれぬということは認めようとしない。 彼女は ベッドに戻り、身を固くして仰向けになり、目を閉じ、腕を体の両脇に置き、眠りが訪れるのを待つ。
>
>　　　　　　　　　　　　　　　　　　　　——資料①

こんな風に何度も何度も「彼」や「彼女」が繰り返される

文章を、平気で読みこなしてしまう人たちもいます。そういう人たちには「翻訳調」の文章もさほど障碍ではないかもしれませんが、たいていの人には「彼女」が多すぎて邪魔なのではないでしょうか？「彼女」という文字を見るだけで、「いやだ、読みにくい」という気分になりませんか？　もっと「彼・彼女」を少なくして、読みやすい文章にすることはできないでしょうか？

<u>**問題1**</u>　上の文中の「彼女」をできるだけ省略しなさい。

　そこで、翻訳ものの読みにくさについて考える（ひいては文法について考える）ために、上の例文の「彼女」をいくつ省略できるか、やってみてください。わたしの「解答」は少しあとで示します（いきなり解答を見てもかまいませんが、自分でやってから答えを見ると、意外さが増しておもしろいはずです）。

　「彼・彼女」だけではありません。they、we、you などを「彼ら、われわれ、あなた、あなたがた」と訳すことも問題です。それなのに翻訳ものにはまるで「これは翻訳ものですよ」といわんばかりに「彼・彼女」がたくさん出てきます。まして「彼ら、あなたがた」が出てきたら相当な悪文と言っていいでしょう。さらに「われわれ」が散見するようなら、その翻訳は最後までは読めないと思っていいかもしれません。

　日本語では使わない「人称代名詞の訳」が当たり前のように出てくる翻訳は、「外国産だぞ」と強調しているように見えます。「翻訳もの」が、「舶来品」とおなじように海外から

第1章　彼と彼女の話

の渡来物というだけで敬われていた時代の名残だろうと、わたしは考えています。

　渡来物であることを強調せずに、日本語として普通の文章にするために、たとえば上の文章の場合、「彼女」をすべて省略してみました。次の文を読んでください。

【解答例】
　裸足で収納箱の前に立って、片手で睡眠薬を一錠取って口にもって行きかけた デジレは 、書類挟みを開けて読みはじめる。□三ページにわたってタイプしたものを、自分でも気づかぬうちに、目を三度動かしただけで夢中になって終わりまで一気に読んでしまう。あんなに時間をかけ、あんなに苦労して見つけてつなぎ合わせた言葉がそれほど呆気なく読めてしまうということ、また、それらの言葉がきわめて曖昧で、きわめて不十分で、きわめて不確かだということは□信じがたいほどだ。あした全部書き直さなくてはいけないだろう。□睡眠薬を一錠飲んでから、続けてもう一錠飲む。今や、一切を忘却したいだけだ。睡眠薬が効いてくるのを待ちながら□窓辺に立ち、作家村を囲む、樹木で覆われた丘を眺める。冷たい月光を浴びた単調で単色の風景だ。目の届く限り樹木だ。『男』のペーパーバックを百五十万部作るには十分の樹木だ。あるいは二百万部。「伸びよ、木よ、伸びよ！」と デジレは 囁くように言う。□敗北するかもしれぬということは、認めようとしない。□ベッドに戻り、身

を固くして仰向けになり、目を閉じ、腕を体の両脇に置き、眠りが訪れるのを待つ。

　どうですか、ほとんど違和感はないのではありませんか？ 全部省略できそうですね。実はこの場面に登場するのはデジレという女性作家一人で、ほかにはだれもいません。そういう場合は日本語ではわざわざ「彼女」と書く必要はないようなのです。

she を「彼女」と訳した理由は？

　では最初の翻訳（資料①）はなぜ「彼女」をこんなにたくさん使ったのでしょう？　上の翻訳文を下の原文とくらべるとおもしろいことがわかります。内容は関係ないので、英文を読む必要はありません。下線部と四角い枠の数だけを数えてください。

　　Standing at the chest in her bare feet, with a sleeping tablet in one hand, arrested halfway to her mouth, Desiree（デジレ） opens the folder and begins to read. Before she knows it, she（彼女は） has come to the end of the three typed pages, swallowed them in three greedy gulps. She（彼女には） can hardly believe that the words which it cost her so many hours and so much effort to find and weld together could be consumed so quickly ; or that they could seem so vague, so retentive, so uncertain of themselves. It will all have to be rewrit-

ten tomorrow. She（彼女は）swallows a pill, then a second, wanting only oblivion now. Waiting for the pills to do their work, she（彼女は）stands at the window and looks out at the tree-covered hills which surround the writers' colony, a monotonous, monochrome landscape in the cold light of the moon. Trees as far as the eye can see. Enough trees to make a million and a half paperback copies of *Men*. Two million. "Grow, trees, grow!" Desiree（デジレは）whispers. She（彼女は）refuses to admit the possibility of defeat. She（彼女は）returns to the bed and lies stiffly on her back, her eyes closed, her arms at her side, waiting for sleep.
——資料②

　原文と翻訳文でsheの現れる場所と回数をくらべてみると、原文では7回、翻訳文では6回、登場します。冒頭から4行目にあるsheを除いた6個はどれも「彼女」と訳され、原文と同じ位置に登場します。一方「デジレ」という表現は、原文で出てくる位置そのまま、2カ所に現れます。

理由は「文法の一対一対応」

　要するに翻訳文は1カ所をのぞいて、原文でDesireeと出てくれば「デジレ」と訳し、sheと出てくれば「彼女（に）は」と、ほぼ機械的に置き換えていることになります。この翻訳文は原文の主語と翻訳文の主語を、その出現回数と位置についてほぼぴったり対応させているといっていいでしょう。

これを文法の一対一対応と呼ぶことにしましょう。

日本語と英語には文法上の一対一対応はないといっていいので、「□英語の構文上の決まり事」つまり、英語の代名詞を「I＝わたし、you＝あなた、he＝彼、……」と訳したり、「this＝これ、it＝それ、that＝あれ」と訳したり、過去形を「〜した」と訳したりすることはすべて幻想といっていいでしょう。それに、英語の主語にあたるものは日本語にはないという見解が日本語学では大きな流れになっているようです。

学校英語は発音から単語、熟語、構文、文法まであらゆる面にわたって日英両語を一対一対応させてきました。その中で単語と訳語の一対一対応については『どうして英語が使えない？』でくわしく書きました。同書は日本の学校英語を、コンピュータのプログラミング言語と同じ「人工言語」と捉えましたが、どうも学校英語を土台にした「日本英語」にも、文法について「一対一対応」があるようなのです。

昔日本語学で「主語」と読んでいたものをいまは「主題」と呼ぶことがあります。日英両語の文法に一対一の対応関係はないので、実際には「文法の一対一対応」は幻に過ぎませんが、「文法の一対一対応」は日本英語の最大の決まり事といっていいでしょう。

訳す？　訳さない？

さて、he／sheは「人称代名詞」と呼ばれていますが、上の例でわかるように、訳さなくてもよい場合があるようです。では、どんな場合に訳さなくてもいいのか、どういう状況では訳す必要があるのか、それを少しだけ複雑な文でたし

かめましょう。次の例では、登場人物は二人います。

問題2　下の文中の「彼・彼女」をできるだけ省略しなさい。

　学校英文法のすすぎ洗いのために、この文も「彼・彼女」をいくつ取り除けるか、やってみてください。ただ省くだけでなく、「彼・彼女」以外の言葉に置き換えることもよしとします（英文は読まなくてもかまいません）。

　場面はイギリスのある警察署。登場人物は二人。一人は「女には向かない職業」である私立探偵のコーデリアという若い女性で、警察に情報をもらいにきたところです。そこでもう一人の登場人物、中年の男性刑事に残酷な現場写真を見せられます。

　|コーデリアは|見なかった。どうして|彼は||彼女に|こんな写真を見せたのか？　|彼の|持論を証明するためなら何も見せる必要はなかったのだ。|彼女が|足を突っこんでいるものの実体をはっきりさせて|彼は|ショックを与えようとしたのだろうか？　|彼の|領分に侵入してくる|彼女を|罰するために？　|彼女の|アマチュア的な介入と|彼の|専門家としてのなまなましい現実との相違を見せつけるために？　おそらく警告するために？　だが、何にたいしての警告なのだ？　　　　　　　　　　——資料③

　|Cordelia| did not look.　Why, <u>she</u> wondered, had |he| shown |her| this photograph?　It wasn't necessary to

prove his argument. Had he hoped to shock her into a realization of what she was meddling in; to punish her for trespassing on his patch; to contrast the brutal reality of his professionalism with her amateurish meddling; to warn her perhaps? But against what?
——資料④

いくつ省略できましたか？　単純に「彼・彼女」をはぶくと次のようになります。

【解答例】

　コーデリアは見なかった。どうして□□こんな写真を見せたのか？　□持論を証明するためなら何も見せる必要はなかったのだ。□足を突っこんでいるものの実体をはっきりさせて□ショックを与えようとしたのだろうか？　□領分に侵入してくる 私を 罰するために？　□アマチュア的な介入と□専門家としてのなまなましい現実との相違を見せつけるために？　おそらく警告するために？　だが、何にたいしての警告なのだ？

「彼・彼女」は削除してもいい？

「彼・彼女」を全部はぶきましたが、格別読みにくくはありませんね。翻訳はさきほどの資料①の翻訳と同じで、下線をほどこしたshe、herをのぞいて、原文のhe / sheやhis / herと訳文の「彼・彼女」を一対一対応させています。

そうした「原文通り」の忠実な「彼・彼女」はほとんど削除しても差し支えないことがわかるのではないでしょうか？

ただ、登場人物が二人になったので、「足を突っこんでいる」のは誰かということ、また「領分に侵入してくる」のは誰かということが少しわかりにくいかもしれません。he / she を「彼・彼女」と訳さずに、わかりやすくする手はあるのでしょうか？

コラム　look と see

わたしの最初の本『どうして英語が使えない？』で、単語と訳語の一対一対応はまちがいだと書いたと、さきほど言いました。まちがいの一つの例として、前著『快読 100 万語！　ペーパーバックへの道』では、look と see の違いについて考察しました。そして「see＝見える」はまちがいで、「目を通して理解する」ことを表し、「look＝見る」ではなくて、「目を向ける」動作を表現していると結論づけました。

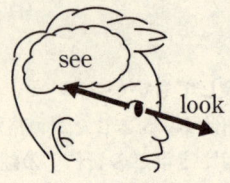

この違いをわかりやすく説明できる例が、たまたま上

の問題2の最初に出てきました。単語と訳語の一対一対応がどれほど実際の英語の使い方とずれているかを再確認するために、問題2のlookを詳しく見てみましょう。

「目を向ける」という役割のlookを上の例文のように「見る」と訳してしまうと、「コーデリアは見なかった。どうして彼は彼女にこんな写真を見せたのか？」となって、矛盾が生じます。「見なかった」のになぜ「こんな写真」だと知っているのか？　一度は「見た」けれどもそれはちらっと目の端で見た程度で、そのあとすぐに「目を背けて」、そんなものは「見ないぞ」という意思を表したのだと思われます。そうすると翻訳としては「目を背けた」がいちばん適切だという気がします。つまりnotのないlookはその反対で「目を向ける」意味だということになります。

lookのいちばん根っ子にある役割を「目を向ける」動作を表現することだと考えると、lookのあとに補語が来る、いわゆる「第2文型」の使い方がよくわかってきます。つまりHe looked pale. という文では「こちらに目を向けた、そのときの顔色が青かった」と言っていることになります。これを「見えた」と訳すことは可能ですが、lookの大本の役割を理解するには「目を向ける（その結果、顔を向ける）」と考えた方がしっくりします。

「see＝見える、look＝見る」という訳語の一対一対応はちょっと深く考えると意味をなしませんね。こうした蘊蓄に関心のある方はぜひ『どうして英語が使えな

い?』を読んでください。

§2 「彼・彼女」なしで訳すには……

翻訳例から「彼・彼女」を省くだけではわかりにくいので、もう一息工夫してみましょう。たとえば、

【試訳】
コーデリアは目を背けた。どうしてこんな写真を見せるのだろう。見せなくても言いたいことはわかるのに。わたしにショックを与えて、思い知らせたいのだろうか。余計なことをするな、おれの縄張りに首をつっこむな、こっちは専門家でこんな残酷な現実を毎日見てるんだ、お前なんかずぶの素人だ、と? ひょっとすると警告だろうか。でも一体何を警告しているのだろう。

こうすれば、だれが何を言っているのか、一目瞭然ではないでしょうか。では試訳は「彼・彼女」を使わずに、どんな工夫をしたのか? 実は、

* 「彼・彼女」を使わないだけでなく
* 「わかるのに」といった語尾で女性の言葉だと示唆したり
* 「おれの縄張り」という書き方で男の発言だということを示して、逆に「首をつっこ」んでいるのはコーデリア

だと表現したり
* 「お前なんか」という言葉づかいで男の発言だとほのめかしたり

しています。

「彼・彼女」は使っていませんが、上のような「工夫」で誰が言っているのかわかります。ということは、日本語に訳す場合、かならずしも he / she、his / her を「彼・彼女」を使って訳さなくてもよいのです。一言でいえば、

日本語では he / she の表し方はさまざま

です。

そうすると文法の一対一対応の大事な一角が崩れることになります。つまり……

* 英語の主語を日本語の「主語」で表さなくてもいい！
* 英語の人称代名詞を「わたし」「彼・彼女」などと訳さなくてもいい！

文法の一対一対応を捨てる

日英両語の性格のちがいを無視して機械的に he / she を「彼・彼女」と訳すことを、本書では **文法の一対一対応** と呼びます。「英語の主語＝日本語の主語」に限らず、そもそも「the＝その」とか、過去形は「……した」と訳すといった学校英語が暗黙のうちに前提としてきた日英文法の対応はすべ

てまぼろしだったのかもしれません。これはとても大きな意味を持っているはずなので、本書の第1部では章を追って次第に明らかにしようと考えています。

そもそも現在の日本語文法では「主語」という用語を昔のようには使わなくなっています。おおざっぱにいえば、いまは「主題」という用語を使うことが少なくありません。

ひるがえって日本の英語界を見ると、いまだに昔ながらの文法用語をそのまま援用して英文法を考えています。その誤りは上の例文1と2を使った練習問題から、明らかでしょう。つまり、heやsheがあるからといって、「彼は・彼女は」と訳さなくてもよいのです。いやそれどころか、たいていのheやsheは無視してもいい！

日本語独自の仕組みを考えると、これは納得しやすいことです。日本語では男性・女性、年齢の上下、地位の上下で言葉遣いがこまやかに変わるので、いつも「主語」を明らかにする必要はないのだと考えられます。たとえば『源氏物語』はわたしが高校生のときにもっとも苦手とした古典でしたが、それはだれが話しているのか、行動しているのか、すぐにわからなくなってしまうからでした。

わたし自身は最近わかったことですが、『源氏物語』の文では動作主はおもに敬語の使い方でわかるのだそうです。「給う」は〇〇につける敬語だから、この場面の登場人物の中では△△ということになる、というわけです。いわば「主語」がだれかということを言葉遣いで暗示しているのです。

これは実は問題2の試訳と似ています。つまり「英文の主語は日本語文でも主語として訳す」という文法の一対一対応

をやめれば、自然な日本語に近づくことがわかります。

代名詞に関する従来の考え方のあやまりをまとめましょう。

何がまちがっているか？

英語の人称代名詞は「わたし、あなた、彼・彼女、われわれ、あなたがた、彼ら」で訳すことに決まっていることがあやまりです（it を「それ」と訳すあやまりについて、そして this、that を「これ、あれ」と同じだと考えることはあやまりだということは『どうして英語が使えない？』で書きました）。

なぜまちがったか？

間違った理由は大きく二つあると考えられます。一つは欧米に対する日本人の劣等感、もう一つは孤立した文を和訳する悪弊です。

＊第一の理由──「脱亜入欧」

明治期以降の学校英文法のめざした方向によると、he / she が「彼・彼女」になったいきさつは次のようなものだったと考えられます。まず、欧米に追いつこうと必死だった日本人は、日本語の文法と英語の文法を一対一対応させました。つまり、欧米先進国の言葉である英語にいつも主語（I、you、he / she、we、you、they、this、that、it など）があるなら、それを訳した日本語にもいつも主語がなければならない！日本語は英語に近くなければならない！

そこで、それまでは事実上使われていなかったと考えられ

る「彼・彼女」を持ち出し、he / she の訳語として固定しました。また、日本語では自分を指したり話し相手を指すにはさまざまな言い方がありますが、英語は I、you だけだというので、強引に「わたし、あなた」を I と you に当てはめてしまったのでしょう。おなじように we は「われわれ」、you の複数形は「あなたがた」、they は「彼ら、彼女ら」が固定したのだと考えられます。同様に this、that、it は「これ、あれ、それ」と固定したのでしょう。

*第二の理由——英文和訳の前提と期待

　書き言葉の英文にはほとんど常に主語があります。一方話し言葉の英語では頻繁に省略されるようです。省略はされても主語は「あるはず」の英語に対して、主語はほとんど使わない、あるいはそもそも主語というものがないとも言われる日本語に英文の主語を埋め込もうというのは無茶な試みでした。そうした無茶な置き換えが可能だった理由の一つは「**孤立した文**」で英語を習得しようとしたことだろうと考えられます。たとえば、

She wore a yellow ribbon.

といった文を訳すとき、前後に何も説明がなければ、年齢も、出身も、階層も、何もわかりません。この文は実は米国の流行歌の一部で、she は騎兵隊に入った恋人の無事を祈っていつも黄色いリボンを身につけているのです。それがわかっていれば「あの娘は黄色いリボンをつけていた」と訳すことが

できますが、状況を知らずに和訳するには、she を「彼女」と訳すほかなかったのです。

原文では特定のだれかを想定して使った he / she を「彼・彼女」と訳したとたんに、he / she は架空の存在になり、原文の持っていた現実感は薄れます。だれのことか明瞭なイメージを結べない「例文」を使った英語の学習は、いわば手をかけ足を踏ん張ろうにもとっかかりのない崖を登るようなもので、隔靴掻痒感だけしか感じられません。

まとめ：訳すからわからなくなる

では、代名詞は今後どう考えて、どう扱ったらいいのでしょう。とても簡単です。どう扱うも、こう扱うも、英語を英語のまま、しかも孤立した文ではなくある流れの中で出会うかぎり、何を（だれを）指すかは分かるものなのです。文章というのはそういう風に作られているのです。he を彼、she を彼女と訳すからわからなくなるのです。そして、そう訳さざるを得ないのは、試験などで一文だけを取り出して訳させるからなのですね。翻訳など、流れの中にある文章を訳す場合は、一言でいえば、

人称代名詞は基本的に訳さなくていい！

それには二つの理由があります。

1　英語の人称代名詞にあたるものは日本語にはない。
「彼・彼女」は急造の間に合わせ語と言っていいでしょう。

そもそも日本語には英語の人称代名詞と同じ役割を背負った語はないのですから、本来は訳しようがないというべきですね。したがって、人称代名詞が表している情報はすでに書いたように（文末や丁寧語など）ほかの方法で表現することになります。

2 英語の人称代名詞が指しているものは既知のものなので、日本語では訳す必要がない。

英語では情報の送り手と受け手の間ですでに何を指すかわかっている場合にも、he / she、I、you などと誰を指すかを表現する必要があるようです。けれども日本語では話す人と聞く人のあいだに了解があれば「彼・彼女、わたし、あなた、これ、それ」などと言う必要はないようです。したがって、he / she、I、you などの人称代名詞は、基本的に訳さなくてよいのです。

いずれにせよ、「he / she＝彼・彼女」などの「人称代名詞と訳語の一対一対応」はどうも根拠が薄いようです。次の章ではもう一つの大きな誤解である「冠詞」を考えましょう。

コラム　ほかの代名詞はどうなっている？
　　　　　you＝I？　we はだれのこと？　「彼ら」って？
　英語の人称代名詞は昔からずっと「わたし、あなた、彼・彼女、われわれ、あなたがた、彼ら・彼女ら」のように訳されてきたのでしょうか？　過去の翻訳を見ると、

ほぼかならずそう訳されているようです。ではいまはどうでしょう？　いまはだいぶ変わってきました。こうした「人称代名詞の訳語」を使わずに翻訳した小説が多くなっています。この傾向が続けば、まもなく「彼・彼女、われわれ、彼ら」などという言葉を使った翻訳は古くさいということになりそうです。

　英語からの翻訳ではごく最近に起きた変化ですが、驚くことにフランス語からの翻訳ではずいぶん昔から「彼・彼女、われわれ、彼ら」などという不自然な表現を廃したものがあります。わたし自身の愛読書で言えば、たとえばジョルジュ・サンドの『愛の妖精』（宮崎嶺雄訳、岩波文庫）やアレクサンドル・デュマの『三銃士』（生島遼一訳、岩波文庫）には「彼」も「彼女」も登場しません。

　英語は明治以来、いわば「半公用外国語」として縛りがきつかったのではないでしょうか？　そのために「he＝彼、she＝彼女」といった決まり事がきつく守られて、対するフランス語は趣味の外国語として、決まり事から自由だったのかもしれません。

　ところが最近のフランス語からの翻訳は昔ながらの英語のぎくしゃくした訳に近づいているようです。フランス語もなんらかの権威と結びついてきたのかもしれません。いずれにせよ、英語やフランス語の人称代名詞の「定訳」を抜け出すには翻訳家はもっともっと言葉のことを考えなければならないと思われます。he／she以外の人称代名詞の例を取り上げて、われわれの内にある

「定訳」を揺さぶり、彼ら・彼女らの翻訳を変えてもらいましょう。

* you＝I の例：

ロス・アンジェルス市警の署長が、部下の犯した（とされる）殺人について、署員に声明を出します。

> As a police chief, you hope never to have to make a statement such as this. ——資料⑤

自分が署長なのですから、「警察署長として日々願っていることは、これから発表するような声明を出さなくてすむことだ」という上の文では you は I ですね。こんな風に、人称代名詞は物語の流れの中でさまざまな理解をしなければなりません。

* they が「彼ら」と訳せない例：

> "I reported the accident to the police there. They said they would send a boat to look for Mr. Cleveland, but they weren't very hopeful of finding him. I'd better call them." ——資料⑥

they は the police つまり警察ですね。ここで they を「彼ら」と訳すと、警察だということがわかりにくくなります。警察だけでなく、政府、会社、組織といった「大きな団体」のことを they と表現することもよくあり

ます。

＊we が「われわれ」ではないとき：
お医者さんが患者と一体であることを示すために we ということはよく知られています。

"How are we feeling today?"
「お加減はどうですか？」

それと似ているおもしろい例が次の例です。ホテルの社長（女性）が、部下である支配人（男性）のカツラを指さして、詰問します。

"What are we wearing on our head, Kaspar?"
――資料⑦
「あら、カスパー、そのおつむのものは何のお積もり？」

カツラをつけているのは支配人なのだから、社長はWhat are you wearing on your head? と尋ねてもよかったはずですが、ここで、we、our head と言われると、ホテルと支配人は一体で、支配人がカツラをかぶっているかどうかは、ホテルの沽券にも関わるといいたげな意味合いが伝わってきます。
この詰問のあと、支配人は「カツラです」と答え、社長に「取りなさい」と一喝されます。こうした場面で you の代わりに we を使う意味合いはどうしても通例の

第1章 彼と彼女の話 041

「わたしたち」ではもちろん「あなた」でも表せません。英語が人称代名詞に込めた意味合いをほかの技で表現するしかないのです。

また、これも警察の例で、刑事二人が捜査中に見とがめられて一般人に詰問されます。そこで今度は刑事の方がむっとして、逆に詰問する場面で、

> "And we are?"…
> 「で、そちらはどなたさんで？」

と we で質問します。

この例のように、you を使うところで we を使った慇懃無礼な口調を訳そうと思えば、上のような持って回った言い回しにすることになるでしょう。人称代名詞をお定まりの訳語で済ませることは不可能ですね。

第2章 「冠詞」：もう一度「この人だれだっけ？」
——情報のつなぎ役

　翻訳ものを読んでいて「この人だれだっけ？」と考えこまなければいけない原因は、「彼・彼女」以外にもあります。それは従来の学校英文法でいう「冠詞」にかかわる話題です。わたしは2002年に出版した『快読100万語！　ペーパーバックへの道』でも、「the＝その」、「a＝ある、一つの」という日本英語の常識は不十分なようだと書きました。ところがほとんどの英和辞典は、そうした常識では不十分だと気づいていないようで、「その」、「ある、一つの」という訳語で済ませています。

　特にtheの扱いには大きな問題があります。さすがに「the＝その」ではないと気づいてはいるようなのですが、説明しかねている様子が見られます。なんと「日本語には訳さない」と書いた辞典もあります。英和辞典は日本語を通して英語を理解するために存在し、和訳は日本英語を支える大きな柱のはずです。「訳さない」ことはどんな英単語にとっても死刑宣告のようなものといえます。たとえばこんな風に解説がついています。

「強いて訳す必要はない」　　──『リーダーズ英和辞典』

「強いて」という部分に英和辞典編集者の逡巡が見て取れるようです。つまり、「どういう場合は訳し、どういう場合は訳さないか」を説明しきれないのでしょうね。けれども the の「扱いにくさ」について、『研究社新英和大辞典』（以下『研究社大英和』と略）や『ジーニアス大英和辞典』をはじめとしてまったく触れていない英和辞典は数多くあります。

「その」で済ませている辞書と、それに満足せずに迷いをかいま見せる辞書……。では、the は英語そのものの中でどんな役割を担っているのか？　日本英語の中ではどんな扱いを受けていて、どんな問題があり、どんな解決があるのでしょう？　この章では日本語にはない「冠詞」を日本英語がどう扱ってきたかを the を中心に見ていきましょう。

§1　訳すか、訳さぬか、それが問題だ……

一方で訳さなくてもいいという意見があれば、他方「その」で済むと考えている人たちがいる。さて、the は訳すのか、訳さないのか、日本英語にはしっかりした方針はあるのでしょうか？　しかも、「訳す派」、「訳さぬ派」の二派にわかれて決着がつかないのかというとそうでもない……。なんと英語の専門家それぞれの胸のうちに「訳す、訳さない」の葛藤があり、煩悶があるようでもあります。その悩みぶりの一つの表れがさきほどの英和辞典ですが、次の例なども典型的でしょう。

『□ロード・オブ・ザ・リング』
『□キャッチャー・イン・ザ・ライ』

原題は The Lord of the Rings と The Catcher in the Rye です。どちらの「訳」も二つある the の一方を無視して、もう片方を残しています。the を扱いかねている「日本英語のとまどい」を象徴的に表しているように見えます。

幸薄き冠詞に愛の手を！

こうした扱いばかりでは、冠詞がいかにもかわいそうです。the が人間ならばその気持ちはどれほど情けないものか……。

the は「訳さない」と無視されるかと思えば、まるでお門違いの「その」を無理やり押しつけられて一言も返せない。a にいたってはまず訳されることはなく、「いわゆるひとつの」といういちばん大事な役目は常に無視され、「the＝その」のような（まちがいとはいえ）定訳さえあてがわれていません……。だれかそろそろ 100 年以上にわたって虐げられてきた「冠詞」になりかわって、**その縁の下の力持ち的貢献**を称揚し、**いわゆるひとつの** 権利回復運動を起こすべきではありますまいか？

the は鉄筋

冠詞は長い間そんな風に軽視されてきましたが、英語では実に大事な役目をになっていて、特に the はコンクリートを

第 2 章 「冠詞」：もう一度「この人だれだっけ？」

芯からささえる鉄筋のように、語り全体を貫いています。あらゆる英単語の中で飛び抜けて使用回数が多いのです。ほとんどどんな統計を見ても、the は使用頻度第 1 位であり、また a もかならず 10 位以内に入っています。

たとえば The Brown Corpus という最初期の英文データベースによると、このコーパスに入っている英文 1,015,945 語の中で、上位 10 位は次のようになっています。

頻度順位	出現回数	%	
1. the	69970	6.8872	←
2. of	36410	3.5839	
3. and	28854	2.8401	
4. to	26154	2.5744	
5. a	23363	2.2996	←
6. in	21345	2.1010	
7. that	10594	1.0428	
8. is	10102	0.9943	
9. was	9815	0.9661	
10. he	9542	0.9392	
⋮	⋮	⋮	
36. an	3748	0.3689	←

通常無視される冠詞を学校文法の大問題として取り上げるのは針小棒大だとおもわれるかもしれません。けれども the 一つとってみても、使用頻度では 2 位以下を大きく離して不

動の1位です。大変な大物英単語です。日本での扱いの軽さには日本英語の大きな特質が隠されているかもしれません。日本英語という人工構造物は鉄筋を欠いていて、耐震強度が足りないかもしれないのです。

情報の整理係

the には「情報の整理係」という役割があります。それがわかると、文の流れがあきらかになり、流れの中に置かれた各部分の役割も鮮明になってきます（いわば昔ながらの分析的精読にも効くと考えてください）。

そもそも a と the の役割は「標識」で、情報の受け手に対して次のようなメッセージを伝えています。つまり、

a は「次の名詞についてはとりあえず**一般的な知識だけで済みます**」
the は「次の名詞には**個別の知識が必要ですが、あなたはもう知っています**」

という標識なのです。その意味で「冠詞」とはよく名付けたものです。「冠」という字で、標識だということがわかりやすいと考えられます。いずれにせよ、a も the も、おなじ役割をする語は日本語にはありません。だからといっていい加減に「the＝その」としたり、無視して「訳さなくてよい」としてしまうと大きな誤解のもとになります。本章では「the の情報整理係」という役割に焦点を絞って、「the＝その」という対応の不都合さを見て行くことにしましょう（次

のコラムを参照してください)。

　なお、a の役割は the とは逆で「一般的な知識で済みます。文章内の情報整理は必要ありませんよ」という標識とも考えられます。そのためか、日本語の「無冠詞、単数複数形なし」という特徴に吸収されてしまうらしく、the ほど大きな問題は起こしていないようです (a については 66 ページのコラムを見てください)。

**コラム　「あなたはもう知っています」とは
　　　　どういうことか?**

　さきほど書いたように、the は「あなたはもう知っています」という標識と考えることができますが、「知っている」とはどういうことか、説明しておきましょう。

　英文を読みながら、the のついた名詞に出会ったら、その the は次の三つの理由のどれかで「読者にとって既知のもの・こと」であることを示唆しています。

1　常識で知っている
2　そこまでの文から知っている
3　すぐに説明するので、なんのことかわかります

　1 と 2 はわかりやすいと思われます。1 でいえば、わたしの住むあたりでただ「駅」といえば最寄りのある駅のことです。2 では、話の流れからなんのことかわかる場合です。

3は「あなたはもう知っています」という役割とは矛盾しているように見えます。この使い方はいわば「既知情報」の the を使って言葉を節約したようなものだと考えることができそうです。つまり、the のついた語が出てきたのに、その語が1でも2でもわからないときは、この3が適用されるわけです。そうなるといよいよ、英語の語順にしたがって理解することが大事になります。

問題1　次の文中で話しているのは何人か確かめよ。

次の文を読んでください。原書は G. K. チェスタートンの推理短編で、この場面では文中の「あの人」が死体で見つかったばかりで、警察の尋問がはじまるところです。

　「……あんたはあの人の秘書でしょう。あの人の遺書について何か心あたりはありませんか？」
　「秘書といっても、あまりプライヴェイトな秘書じゃないんです」と 若い男 は答えた。「あのかたの弁護士はサットフォードのハイ・ストリートにあるウィリース＝ハードマン＝アンド＝ダイク法律事務所です。遺書はたしかその三人が管理しているはずです」
　「なるほど、そこへ行ってみたほうがよさそうだな」
　「すぐに参りましょう」と せっかちな秘書 は言った。
　 秘書 は部屋の中をそわそわと歩きまわっていたが、新

しい問題を爆弾のように投げつけた。

「死体はどうなさいました、警部?」と聞いたのである。

「ストレイカー博士が署で検死中です。一時間もすれば報告書が出来あがるでしょう」

「一刻でも早いほうがいいですね」と ハーカー 。

——資料⑧

最初の質問は警部ですね。それに答えている人は実は一人なのに、「若い男」「秘書」「ハーカー」と三様に呼ばれています。つまり話しているのは二人です。

原文を見てみましょう。読む必要はありません。□で囲んだ部分が翻訳のどこに現れているかだけ確認してください。

【原文】

" ... You're his private secretary ; do you know anything about his will?"

"I'm not so private a secretary as all that," answered the young man .

"His solicitors are Messrs Willis, Hardman and Dyke, over in Suttford High Street ; and I believe the will is in their custody."

"Well, I'd better get round and see them pretty soon," said the Inspector.

"Let's get round and see them at once," said the impatient secretary .

> He took a turn or two restlessly up and down the room and then exploded in a fresh place.
> "What have you done about the body, Inspector?" he asked.
> "Dr Straker is examining it now at the Police Station. His report ought to be ready in an hour or so."
> 'It can't be ready too soon,' said Harker.

——資料⑨

　翻訳文を1回さっと読んだだけでは、「**若い男**」と「**秘書**」と「**ハーカー**」が**同一人物**だということがわかりにくくありませんでしたか？　もちろん引用には限界があって、先立つ部分を省いてあるために、余計わかりにくくなっています。先立つ部分があれば三様の呼び方が一人の人を指していることはわかりやすくなるでしょう。けれども引用部分だけでも、日本語として普通の書き方ではないことはわかるのではないでしょうか。

the と「言い換え」という技

　普通の日本語の文章であれば、「若い男」と「秘書」と「ハーカー」をすべて「(若い) 秘書」か「ハーカー」のどちらかだけにすると思います。どうなるか、やってみましょう。

【試訳】

　「きみは被害者の個人秘書なんだから、遺書について何か知っとるだろう」

「個人秘書といってもそこまで個人的なことは知りませんよ。提督の法律顧問はサットフォードの大通りにあるウィリス゠ハードマン゠ダイク弁護士事務所ですから、遺書もあそこが保管しているはずです」

「そうか、近いうちに寄って話を聞こう」

「いや、いますぐ行って聞き出しましょう」秘書がはやってせきたてる。

そして二、三度せわしげに同じところをうろうろしていたかと思うと、突然位置を変えて叫んだ。

「警部、遺体はどうなさいました？」

「ストレイカー先生が警察で検視中だ。一、二時間で報告が来るはずだが」

「一分でも早く！」

「言い換え」という仕組み

原文と訳文を見くらべると、原文がそもそも三つの呼び方で一人を指していたのですね。

the young man   → 若い男
the secretary   → 秘書
Harker   → ハーカー

原文の ☐ の中を忠実に翻訳してあることがわかります。忠実に翻訳した結果わかりにくくなったのですが、だからといって G. K. チェスタートンの原文はわかりにくくはありません。その差が「日本語の仕組み」と「英語の仕組み」の差

なのです。

　読者の中には「英語は同じ言葉の繰り返しをさける」という話を聞いたことのある人もいるでしょう。たしかに英語には「言い換え」という技があり、同じ言葉を使わない工夫が発達しています。チェスタートンが三つも違う呼び名を使っているのは、「言い換え」をしているだけなのです。言い換えは英語という言葉の生まれ持った癖のようなもので、英語を母語とする人が上の文章を読んだら、チェスタートンが三つの呼び方で一人を指していることは無意識のうちにわかるはずです。そして、どんなにさまざまな呼び方をしてもだれのことかわかる仕掛け（？）が英語にはそなわっています。それが the なのです。

　それに対して日本語は同じ言葉を何度繰り返してもすこしもおかしくありません。たとえばいま私が書いた上の段落二つには「チェスタートン」という言葉が3度出てきましたが、変だとは思わなかったのではありませんか？　これが英語の文章であれば、最初の「チェスタートン」はそのまま Chesterton と書いたとしても、あとの二つの「チェスタートン」は the author や the novelist や the polemicist で言い換えるでしょう。

　author や novelist や polemicist は Chesterton の言い換えですが、言い換えのための言い換えであって、ほとんど意味はありません。というと驚くでしょうが、大事なのは the の方だといっていいでしょう。上の「若い秘書」の原文でも the young man、the secretary というように the がついています。young man、secretary はいわばどうでもよいのです。

この短編のこの部分までに Harker が若い秘書であることはすでに出てきているのですから。

つまり the はさまざまな呼び方を一つにまとめる役割をしていることがわかります。ばらばらになりかねない情報を一つに束ね、互いの関連を示唆する大事な役割をしているのです。「日本語に訳さない」ことが冠詞の「役割を無視していい」という意味だとすると、いわば鉄筋の入らないコンクリートになります。危険きわまりないことがわかるはずです。

翻訳界の盲点

さきほど書いたように、the は英単語の中のスーパースターです。ロックで言えばエルビス・プレスリー、物理学者ではアインシュタインに相当します。たとえばエドガー・アラン・ポーの短編小説「黄金虫」では海賊の宝物を埋めた場所を示す羊皮紙が登場しますが、そこに書かれた暗号を解くときに最初の手がかりとなる文字は e で、最初に解読される単語は the でした。アルファベットの文字では e がいちばん回数多く使われ、単語では the が最頻出語だからです。日本英語は英文の解読をおもな専門としてきたのに、暗号解読の一番の鍵である the を無視してきたことは謎というほかありません。言い換えれば、この謎こそ、ここで解読しようとしているミステリーです。

さて、スーパースターである the を冷遇したために、わかりにくい翻訳が氾濫しています。もうすこし別の例を見て、the を利用した「言い換え」が大問題だということを確認しましょう。次はジェフリー・アーチャーというイギリスの人

気作家が書いた陰謀小説のはじめに近いところです。

問題2　次の場面の登場人物は何人か、たしかめよ。

英文は読まなくてもかまいません。問題1とおなじように、翻訳の 　　 の中が、原文の 　　 の中にほぼ一致していることだけ確かめてください。

　金勘定が終ると、出納主任が札束の数を再度チェックした。きっかり千束あった。主任は アル・オバイディ にではなく、金に向けて微笑をうかべた。それから アラブ 人のほうを見てにこりともせずにうなずき、頭金を受けとったことを確認した。
　ゴルフ・バッグは契約に含まれていなかったので、 代理大使 に返された。 アル・オバイディ はいささかばかばかしいと思いながら肩にかついだ。　　　——資料⑩

When the counting had been completed, the chief teller double-checked the number of piles. One thousand exactly. He smiled, a smile that was not directed at Al Obaydi but at the money, then looked up in the direction of the Arab and gave him a curt nod, acknowledging that the man from Baghdad had made the down-payment.

The golf bag was then handed back to the Deputy Ambassador, as it had not been part of the deal.

> Al Obaydi felt slightly stupid as he slung it over his shoulder.
>
> ——資料⑪

　実は最初の問題1もこの問題2も、記憶力のよい読者が物語のはじめから注意深く読んでいれば、登場人物は二人しかいないとわかるかもしれません。したがって本書のように翻訳の途中を切り出すことはかならずしも公平ではありません。けれども日本語の小説の一部を同じように切り出したとしても、登場人物が何人いるかわからなくなるようなことはないでしょう。そのことは次ページの試訳でもたしかめられるはずです。

【解答】
　上の翻訳の登場人物は二人です。

出納主任
　the chief teller
アル・オバイディ
　Al Obaydi（上の翻訳では「アル・オバイディ」）
　the Arab（上の翻訳では「アラブ人」）
　the man from Baghdad（下線部、翻訳なし）
　the Deputy Ambassador（上の翻訳では「代理大使」）

　翻訳文のアル・オバイディ、アラブ人、代理大使はすべて同一人物なのです。原文ではさらに the man from Baghdad

という呼び名もあって、幸いにして（?!）訳されていませんが、これが「バグダッドの男」とでも訳されていたら、それこそ何がなんだかわからなくなっていたでしょう。

日本語には言い換えはない?!

英語もフランス語も同じ言葉の繰り返しを嫌いますが、日本語はなぜか嫌いません。そのせいか、日本語には言い換えの習慣はないと考えられます。そこで、上の言い換えを思い切って一つの呼び名にしてみましょう。ほかにも変更を加えて訳し直すと次のようになります。

【試訳】

　札を数え終わると、出納主任は再度札束の数を数える。ぴたり1000束。出納主任の顔に笑みが浮かんだが、笑みを向けた相手はアル・オバイディではなく札束で、それからやっと顔を上げてアル・オバイディを見ると素っ気なくうなずいて頭金の受領を了承した。

　ゴルフバッグが返却されたのは、バッグは頭金の一部ではないというわけだ。アル・オバイディは少々間抜けな感じがすると思いながら、空のバッグを肩に背負う。

どうでしょう？　わかりやすくなったのではないでしょうか？

the が無視されて、言い換えも無視された……

原文を書いたジェフリー・アーチャーは言い換えを強く意

識しているらしく、平均的な小説家よりも言い換えがよく出てくるような気がします。けれどもだれがしゃべっているのか、言い換えによってわからなくなるということはありません。それは言い換え表現には the という語がかならず冠のようについていて、「読者はもう知っていますよ！」と知らせているためです。問題1では「若い男」「秘書」が the でくくられて、「ハーカー」と同一人物であることが示されていました。問題2では「アル・オバイディ」が、the Arab、the man from Baghdad、the Deputy Ambassador と三様に呼ばれていましたが、the でひとくくりにされています。

それほど大事な言い換えであるにもかかわらず、学校英語でも日本の翻訳でも the を使った言い換えはどうも意識されていないようです。その結果、読者は「この人だれ？」と何度もつぶやきながら読み進めることになります。

言い換えが無視されてしまう直接の原因は the の「情報の整理係」という役割を理解していないからにちがいありません。無視されてしまった経過を想像してみましょう。

the を日本語に対応させたかったが（←これは「脱亜入欧」と呼んでいいでしょう）
↓
the の役割がわからなかったので
↓
this、that の類推から the を「その」で済ませようとした（←日英文法の一対一対応）
↓

ところが「その秘書」や「その若い男」、「そのアラブ人」や「その代理大使」を繰り返すと、鬱陶しいうえに、たいして意味があるように思えないので
↓
「えい面倒」とばかり the は訳さないことになり
↓
「秘書、ハーカー、若い男」、「アル・オバイディ、アラブ人、代理大使」という具合に、the を無視した上で律儀に一対一対応させて翻訳
↓
だれがだれだか見えにくくなった……

のではないかと考えられます。

情報が消えた？

そこで、言い換えを意識して一つの呼び名にすると誰が誰だかわかりやすくなります。けれども、アル・オバイディが「アラブ人でイラク政府から派遣された副大使」といった情報は抜け落ちることになります。いくら読みやすくなるとはいえ、原文に the Arab や the Deputy Ambassador と書いてあるのにどちらも「アル・オバイディ」と訳すのは、あまりに大胆なことをしていると感じる人もいるでしょう。そんなことで「正確な翻訳」といえるのかと疑問に思う人もいるにちがいありません。

さらに言えば、TIME や Newsweek の報道記事では、言い換えを利用して、出身や経歴、現在の職、住所などの付帯

情報を付け加えることがよくあります。そういう場合まで一つの呼び名に統一したのでは記事の内容自体が薄くなってしまいかねません。

ではどうするか？　それほどむずかしいことではありません。方法はいくらでもありますが、たとえばこの数行の中で解決したければ、試訳の最後に出てくる「アル・オバイディ」を変えて、

> ゴルフバッグが返却されたのは、バッグは頭金の一部ではないというわけだ。**イラク政府派遣副大使たるわたしが**なにやら間抜けだなと思いながら、空のバッグを肩に背負う。

などと、消えた情報を適宜足しておけばよいのです。間抜けな感じが強まって、おもしろくなるかもしれません。もちろん話がここに来るまでに、「イラク政府派遣の副大使」ということがわかるように訳しておけばこんな綱渡りはいりません。

「忠実な醜女か不実な美女か」

そんな風に和訳をすると、試験では減点され、翻訳では「訳すべき語を訳さずに付け足すとは何事だ！」と非難されるかもしれません。忠実な訳を心がけたに違いない翻訳に読みにくく分かりにくいものがたくさんあるのはどういうことでしょうか？　試験では「意訳はいけない。直訳か逐語訳を心がけよ」という意見を聞くこともあります。

英語の単語をとにかくできるだけそのまま訳すことを「直訳・逐語訳」と呼ぶとすると、直訳・逐語訳さえしていれば「正確な」翻訳になるのでしょうか？　おそらくちがいます。まず第一に、いわゆる訳語は元の語の意味とかならずしもずれていますから、逐語訳そのものが本当は成り立ちません（これについては『どうして英語が使えない？』でくわしく書きました）。また、英語と日本語の仕組みがちがうので、直訳も成立しえないのです。

　最後に、the の役割が無視されたためにわかりにくくなった例を西洋の古典から一つ取り上げましょう。

アダム・スミス『国富論』!

　「読みにくくなければ翻訳ではない」というしたたかな読書家でも、西洋古典の翻訳解読には手こずります。代表格ともいえる『国富論』は経済学を専攻した人ならば、一度は翻訳を読もうとしたことがあるのではないでしょうか。そして読み切れずに敗退したのではありませんか？　大丈夫です。途中で放り出したとしてもおそらくあなたの頭が原因ではないと思われます。原文が読めるようになってみると翻訳よりはるかにわかりやすいということは非常によくあることです。訳した人の頭が混乱していただけなのです。

　次の引用は英日翻訳の言い換え問題に気づいている翻訳家、山岡洋一さんによるものです。なお、アダム・スミスの原文を翻訳した四つの日本語文の中で、☐の囲みはわたしがつけたものです。

This impossibility of making so complete and entire a separation of all the different branches of labour employed in agriculture is perhaps the reason why the improvement of the productive powers of labour in this art does not always keep pace with their improvement in manufactures.

水田・杉山訳（第1巻27ページ）
……農業に従事する労働のさまざまな部門のすべてを、完全に分離するのがこのように不可能だということは、おそらく、この 手仕事 における労働の生産力の改良が、かならずしもつねに製造業における改良と歩調をあわせない理由である。

大内・松川訳（岩波文庫(1) 103ページ）
……農業に従事する労働のさまざまな部門のすべてを、完全にあますことなく分化してしまうのは不可能だということが、おそらくは 農芸 の生産における生産諸力の改善が、なぜもろもろの製造業のそれと必ずしもつねに歩調をあわせることができなかったか、ということの根拠であろう。

大内兵衛訳（岩波文庫(1) 26ページ）
……農業に使はれる労働のこれ等あらゆる部門を完全に充分に分離させることが出来ないといふことは、恐らくは、 この技術 における労働の生産力の改善が、何故に製造業におけるその改善に及ばないかの理由であらう。

> 氣賀勘重訳（岩波文庫上巻16ページ）
> ……農業に使用せらるゝ各種部門の労働の間に完全なる分業を行ふの此不可能こそは、惟ふに正に 農業労働 の生産力の改良が常に製造業に於ける其改良と平行して進まざる所以の原因なる可し。　　　　　　　　　　　——資料⑫

四つの翻訳では原文の this art を、「手仕事」、「農芸」、「この技術」、「農業労働」と訳していますが、最初の三つではすぐには意味が伝わってこないように思います。

山岡さんは 2007 年 3 月に、長年願ってきた *The Wealth of Nations* の新訳を完成し出版（『国富論』上・下、日本経済新聞出版社）していますが、その中では次のような訳になっています。

> ……農業ではこのように、それぞれの作業を完全に分離するわけにいかない点がおそらくは原因になって、労働の生産性が製造業と同じ程度に向上するとはかぎらなくなっている。　　　　　　　　　　　——資料⑬

かつての訳にくらべ、一読して内容が頭に入る訳になっていることがわかります。

古典翻訳の競合脱線

読みにくいと思われている『国富論』の原著 *The Wealth of Nations* は、とくに読みにくいわけではありません。世

の中にはもっと読みにくい、難解な文章はいくらでもあります。たとえば現代芸術に関する本や、TIME や Newsweek に載っている書評、劇評、音楽評、美術批評や、エミリー・ディキンソンやジョン・ダンの詩、ウィトゲンシュタインのような言葉そのものを対象にした哲学論考、そしてもちろんさまざまな学問分野の専門論文などです。そうした文章にくらべれば、*The Wealth of Nations* ははるかに読みやすい文章というべきでしょう。

おなじことはデカルトの『方法序説』についてもいえることで、もとはフランス語ですが英語の翻訳で読むと実に平明な文章です。もっともアウグスチヌスの『告白』の英訳はケンブリッジ大学の学者の訳で読みましたが、英語らしくない「悪訳」のように思われました。原著を崇める姿勢があると、従来の日本の西洋古典訳とおなじようなことが起きるようだと感じました（ただし、アウグスチヌスの論理の運びの美しさは伝わってきました）。

アウグスチヌスはラテン語で書いています。そのために『告白』のラテン語の読みやすさ、読みにくさはわたしには判断できませんが、『国富論』の英文は決して読みにくいものではありません。とすると、なぜ *The Wealth of Nations* の山岡訳以前の翻訳は読みにくかったのでしょう？

上で取り上げた『国富論』の翻訳部分は言い換えに焦点を絞った例だったので、英語の言い換えを日本語らしく表現すれば読みやすい文章になりました。しかし、『国富論』にかぎらず古典の翻訳には、日英文法の一対一対応や訳語の一対一対応がびっしりはびこっていて、訳文をがんじがらめにし

ています。古典の翻訳をどれでも取り上げてみれば、言い換え以外にもさまざまな因習が原因で翻訳が読みにくくなっている実情がすぐに読み取れるはずです(その点で、山岡さんの新訳『国富論』は敬して遠ざけられてきた古典に新しい命を吹きこむものです。同じ考え方でこれからたくさんの古典が蘇ることを期待しています。欧米の一般人、学者が苦もなく読みこなす西洋古典の知恵を、これまでの日本人は享受できずにきたといっていいでしょう。普通の日本語で翻訳することが当たり前になれば、日本人が欧米人と同じ土俵に上り、さらに日本と中国の古典を武器にできることになります)。

まとめ:無視されてきた理由

情報の整理係として、the はとても大事な役割を担っています。それなのに日本英語では徹底的に無視されてきました。その原因をまとめておきましょう。

話し言葉であれ、書き言葉であれ、言葉の役目は「すでに知られている情報を土台に新しい情報を付け加えること」だと言っていいでしょう。既知、未知の情報を分けることは言葉による伝達の非常に大事な側面です。the と a の使用頻度から想像すると、英語は既知情報、未知情報を整理する役割を、the と a と「どちらもついていない場合」に大きく任せていると考えられます。英語の「言い換え」はまさに既知情報を利用した文の組み立て方なのです。

にもかかわらず、冠詞の「既知情報、未知情報を区別する役割」は無視されてきました。それには二つの理由があります。

1 語順変換が冠詞を殺す

一つは英文和訳は語順を大きく変えるので、情報の流れが乱れてしまうことです。the の「(情報の受け手が) すでに知っているものですよ」という標識は英文の語順にしたがってはじめて意味が出てきます。英文和訳で語順が乱れると、そもそも the の大事な役割が意味を失ってしまうのです。

2 孤立した文が情報の流れを断つ

もう一つの原因は語順転換のさらに奥にある原因です。日本英語は「孤立した文」を対象に英語を学んできたために、文から文へ、またその先の文へとつながる「情報の流れ」が意識に上らなかったのです。

「孤立した文」で英語を学ぶ愚は『どうして英語が使えない?』以来わたしが問題にしている点です。次の「時制」についての章でも、「孤立した文」で外国語を学ぶ不合理さは少しずつ明らかになるはずです。

コラム　a はどうなっている?
　　「どこの古池にどんな蛙が跳びこんだのか?」
　!多読初心者・途中の人は読まないでください!

この章では the を中心に冠詞の役割を考えてきましたが、もう一つの大事な冠詞 a にも言及しなければ大いに片・手落ちというものでしょう。

aとtheの大きな違いについてはさきほど書きました。ごく短くはしょれば、「一般的知識で済みますよ」というaと、「個別の知識が必要です」というtheの違いですね。

aの役割を無理やり日本語にすれば「いわゆる一つの」が近いだろうということは『快読100万語！ ペーパーバックへの道』に書きました。この「いわゆる一つの」という前置きはたとえば「これがいわゆる一つのベースボールの魅力ですね」というように、野球一般（△ベースでも、リトルリーグでも、高校野球でも、プロ野球でも、草野球でも、とにかく野球と呼べるものはすべてひっくるめたもの）を指しています。

一方、theの指すものはきわめて具体的かつ個別的で、the apple といったら、世界でただ一つの「あなたの指させる特定のapple」でなければいけません（指させるとはどういうことかについては、48ページのコラムを見てください）。

英語はそうやって常に「既知・未知」や「単数・複数」を意識して話す言葉なのですね。そして、そうした個別的・具体的な「もの」や「こと」を一般化するときに、aの役割が登場するのだと思われます。

その点を日本語と比較してみます。松尾芭蕉の「古池や蛙飛びこむ水の音」を英語に訳したらどうなるでしょう？　英語ではどうしてもカエルは1匹なのか、2匹以上なのか、宣言しなければなりません。またtheによって、（飛びこむ前から見ていた？）個別的・具体的な

「カエル」だと知らせるのか、それとも個別的である必要はない「いわゆる一つのカエル」なのかを宣言しなければなりません。

英語は個別的・具体的な表現に拘泥する傾向があるので、たとえば「友だち同士であること、友人関係、友情」を表すには friend に -ship という語尾をつけて friendship とします。そうやって、具体的な「友」ではなくて、抽象的な友だち関係だということを表しているのです。おなじように、freedom の -dom や、sexuality の -ity も、具体的にしか表せない語に抽象性や一般性を与えていると言えます。

日本語の名詞は守備範囲が広くて、「友」一言で「具体的な一人の友人、具体的な何人かの友人、抽象的な友人というもの、友人関係、友情」までなんでも表現できてしまいます。つまり、-ship や -dom や -ity をつけずに「古池」「蛙」「音」と言うだけで、具体的な古池や蛙も表現でき、具体性を越えた「古池性」や「蛙ぶり」、「水音性」も表現できると言えるでしょう。つまりあの句は「古池性の中に蛙ぶりが飛びこんだ水音らしさ」とも読めるわけで、だからこそこの 17 文字から古池と呼ばれる静けさの中に、蛙と呼ばれる命の形がとびこんだ音が宇宙へと響いていく様まで感じられるのでしょう。

では、あの一句の余韻または宇宙的広がりを英訳するとしたら Think of an old ponddom, and imagine frogship jumping into it with splashity. と言わなければならないのでしょうか？　いえいえ、そこを（ある程度）

救ってくれるのが a なのですね。たとえば、

【試訳】An old pond
　　　　a frog flings itself into it –
　　　　a splash.

のようになると思われます。

　なお、日本語は個別性・具体性を表現できないというのではありません。もし日本語が個別的、具体的にものを指すことができなかったら、世の中動いていかないはずです。新幹線も作れない、走れないだろうし、晩ご飯も作れないはずです。要するに「he / she」と「彼・彼女」の非対応関係のように、日本語では「既知・未知」や「数」の表し方が英語とはちがうということです。

第3章　過去か未来か、はたまた今か？
――時間表現の一対一対応

　「時制」という言葉を覚えていますか？　わたしの知るかぎり、社会人でこの文法用語を聞いてすぐに過去形、現在形、未来形といった言葉を思い出す人は、相当一生懸命英語を勉強した人だと思います（ただし最近は未来形という呼び方はしなくなりました）。まして過去完了を知っていたり、大過去などという呼び方まで思い出せるようなら、文法オタクといっていいかもしれません。

　しかし、文法オタクでなくても、また「時制」という言葉を覚えていなくても、学校英語に触れた人は、過去形を「……した」と訳し、現在形は「……する」と訳した覚えがあるでしょう。文法オタクであれば現在完了4用法の訳し方をいまでもすべて覚えているかもしれません。

　そうした時間表現に関する「決まり事」ははたして妥当なものでしょうか？　he や she が基本的に訳さなくてよかったように、また a や the が「ひとつの」あるいは「その」ではなかったように、英語の時間表現についても、日本英語はなにか大きな誤解をしているかもしれません。

また問題を解いていってみましょう。

問題1　次の文の各文末にある「過去形」をできるだけ「現在形」に変えよ。

　次の小説の文中で、少年ジャックは乗っていた飛行機が事故にあって、ほかの子どもたちと一緒に「無人島」で暮らしています。第3章のこの場面では、ジャックが野豚をとらえて食料にしようと密林の中にはいつくばって野豚の痕跡を探しています。

　さて、このたくさんの過去形をいくつ現在形に替えることができますか？（なお、日本語には「過去形、現在形」という区別はありません。日本語文法では普通「た」につながる動詞の形は連用形、「る」で終わる形は終止形と呼ばれ、これは「過去－現在」という対立ではありません。けれども、ここでは学校英語の呼び名をそのまま使います）。

　ジャックは、体を二重に折り曲げて いた 。湿っぽい地面すれすれに鼻をくっつけて、短距離走者のような格好で前かがみになって いた 。木の幹と、その幹に飾りもののように絡みついている蔓草は、頭上およそ三十フィートくらいの所で、煙るような緑一色の中にとけこんで いた 。周囲はただ一面の下生えで あった 。ここには、ほとんど小道とはいえぬくらいかすかな跡が、あるにすぎ なかった 。つまり、折れた小枝と、蹄の、それもその片側の跡だけしか なかった 。彼は顎を低くして足跡を見つ

め、無理にでもその足跡に口を割らせるような面構えを 示した 。それから、犬のように四つん這いになり、その窮屈さもものともせずに、五ヤードばかりそっと進んでいって、 止った 。そこには蔓草の輪があり、その茎の節から一本の巻きひげが垂れ下がって いた 。巻きひげの下の部分が擦りへって いた 。豚が蔓草の輪をくぐって行くときに、その剛毛の生えた横腹でそれをこすって いった に違い なかった 。
——資料⑭

翻訳ではすべての文末が過去形になっています。現在形との比率は、

過去形 12 ： 現在形 0

となります。

原文の対応箇所はすべて過去形です。一応原文をお見せしますが、読む必要はありません。 の中が過去形だということだけたしかめてください。

Jack was bent double. He was down like a sprinter, his nose only a few inches from the humid earth. The tree trunks and the creepers that festooned them lost themselves in a green dusk thirty feet above him; and all about was the undergrowth. There was only the faintest indication of a trail here; a cracked twig and what might be the impression of one side of a

hoof.　He lowered his chin and stared at the traces as though he would force them to speak to him.　Then dog-like, uncomfortably on all fours yet unheeding his discomfort, he stole forward five yards and stopped .　Here was a loop of creeper with a tendril pendant from a node.　The tendril was polished on the underside; pigs, passing through the loop, brushed it with their bristly hide.
　　　　　　　　　　　　　　　——資料⑮

全部ひっくり返してみたら？

　さて、あなたはいくつの「過去形」を「現在形」に変えることができましたか？　実は、学校英語のお約束を無視できれば、次の試訳のように、全部ひっくり返すことができます。

【試訳1】

　ジャックは、体を二重に折り曲げて いる 。湿っぽい地面すれすれに鼻をくっつけて、短距離走者のような格好で前かがみになって いる 。木の幹と、その幹に飾りものように絡みついていた蔓草は、頭上およそ三十フィートくらいの所で、煙るような緑一色の中にとけこんで いる 。周囲はただ一面の下生えで ある 。ここには、ほとんど小道とはいえぬくらいかすかな跡が、あるにすぎ ない 。つまり、折れた小枝と、蹄の、それもその片側の跡だけしか ない 。彼は顎を低くして足跡を見つめ、無理にでもその足跡に口を割らせるような面構えを 示している 。それから、犬のように四つん這いになり、その窮屈さもものとも

せずに、五ヤードばかりそっと進んでいって、 止まる 。そこには蔓草の輪があり、その茎の節から一本の巻きひげが垂れ下がって いる 。巻きひげの下の部分が擦りへって いる 。豚が蔓草の輪をくぐって行くときに、その剛毛の生えた横腹でそれをこすって いく に違い ない 。

　全部の過去形を現在形に直してみました。どうでしょう？ それほど違和感はないのではありませんか？ 第1章で「彼女」をすべて削除してしまったときと似ていますね。問題1の文末に注目すると、「た」「た」「た」「た」と続くことがとても不自然に思えてきませんか？ それをすっかりひっくり返したことで、爽快というか、さっぱりしたというか、たまりにたまったごみをすっかり処分してしまった気分ではありませんか？

　試訳1では翻訳文の過去形をすべて現在形に直してみましたが、それは別に「英文の過去形はすべて現在形で訳せ」などと主張しているのではありません。ただ、日本語と英語の時間表現は文末だけで解決するような違いではないことに注目してほしいのです。日本語と英語の時間表現の問題はもうちょっと入り組んでいて、ただひっくり返すくらいでは解決しないようです。では、どう入り組んでいるのか？

日本語の時間表現

　そこで、今度は翻訳ではなく、日本語本来の時間表現について考えてみます。問題1の文章は翻訳文でしたが、はじめから日本語で書かれた小説はどうなのでしょう？ そこで、

1919年に発表された菊池寛の小説『恩讐の彼方に』の冒頭の部分を見てみます。非常に長いので、読む必要はありません。□で囲んだ文末の「……た」「……た」「……た」だけを確認してください。

　市九郎は、主人の切り込んで来る太刀を受け損じて、左の頬から顎へかけて、微傷ではあるが、一太刀 受けた 。自分の罪を──縦令向うから挑まれたとは云え、主人の寵妾と非道の恋をしたと云う、自分の致命的な罪を、意識して居る市九郎は、主人の振り上げた太刀を、必至な刑罰として、譬えその切先を避くるに努むる迄も、夫に反抗する心持は、少しも持っては 居なかった 。彼は、ただこうした自分の迷から、命を捨てることが、如何にも惜しまれたので、出来る丈は逃れて見たいと 思って居た 。それで、主人から不義を云い立てられて切り付けられた時、有合せた燭台を、早速の獲物として主人の鋭い太刀先を避けて 居た 。が、五十に近いとは云え、まだ筋骨のたくましい主人が畳みかけて切り込む太刀を、攻撃に出られない悲しさには、何時となく受け損じて、最初の一太刀を、左の頬に受けたのである。が、一旦血を見ると、市九郎の心は、忽ちに 変って居た 。彼の分別のあった心は、闘牛者の槍を受けた牡牛のように荒んで しまった 。何うせ死ぬのだと思うと、其処に世間もなければ主従も なかった 。今迄は、主人だと思って居た相手の男が、ただ自分の生命を、脅そうとして居る一個の動物──夫も兇悪な動物としか、見えなかった 。彼は奮然として、攻撃に 転じた 。

第3章　過去か未来か、はたまた今か？　075

ずいぶん長い引用でした。ほとんどが「た」で終わっていますが、このあとも「た」で終わる文がずらっと続いています。問題1の翻訳文とよく似ています。ただ1カ所下線を引いた現在形も、よく見ると「受けたのである」となっているので、過去形に分類してもよさそうです。『恩讐の彼方に』では、このあともずっと「た」ばかりで、「る」はほとんど出てきません。

　過去形　9.5　：　現在形　0.5

という比率だとしましょう。

過去形を「……した」と訳して何が悪い？

　過去形の氾濫は問題1の野豚探しの場面とそっくりです。菊池寛の小説でも過去形が支配的なのだから、翻訳で英語の過去形を「た」と訳して何が悪いとも思えます。文末が「た」「た」「た」「た」と続くのは日本の小説でも当たり前なのでしょうか？

　けれども、『恩讐の彼方に』は、「た」「た」「た」「た」と終わる文が続くので、いったん気にしはじめるとどうも気持ちよく読めません。なかなか本題に入らないような、じれったいような気分になります。「た」「た」「た」「た」と終わる文章が続くのはやはり普通の日本語文ではないのかもしれません。

それはひょっとすると翻訳小説に明治以来の学校英語が影響を与えているためかもしれません。そうだとすると、学校英語の英文和訳は翻訳を通して日本文学にも大きな影響を与えていることになります。比較的翻訳ものに影響されていない（と思われる）明治の小説を見てみましょう。

実のところ樋口一葉が翻訳ものを読んでいなかったかどうか、定かではありません。けれども『たけくらべ』の冒頭を読むと、菊池寛とはまったくちがう種類の文章であることはすぐにわかります。なお、この引用も長いので、枠で囲んだところと下線を引いたところだけ見てください。

廻れば大門の見返り柳いと長けれど、お歯ぐろ溝に燈火うつる三階の騒ぎも手に取る如く、明けくれなしの車の行来にはかり知られぬ全盛をうらなひて、大音寺前と名は仏くさけれど、さりとは陽気の町と住みたる人の申き、三嶋神社の角をまがりてより是れぞと見ゆる大厦もなく、かたぶく軒端の十軒長屋二十軒長や、商ひはかつふつ利かぬ処とて半さしたる雨戸の外に、あやしき形に紙を切りなして、胡粉ぬりくり彩色のある田楽みるやう、裏にはりたる串のさまも をかし 、一軒ならず二軒ならず、朝日に干して夕日に仕舞ふ手当ことごとく、一家内これにかゝりて夫れは何ぞと問ふに、知らずや霜月酉の日例の神社に欲深様のかつぎ給ふ是れぞ熊手の下ごしらへと いふ 、正月門松とりすつるよりかゝりて、一年うち通しの夫れは誠の商買人、片手わざにも夏より手足を色どりて、新年着の支度もこれをば 当てぞかし 、南無や大鳥大明神、買ふ人にさへ大福

をあたへ給へば製造もとの我等萬倍の利益をと人ごとに言ふめれど、さりとは思ひのほかなるもの、此あたりに大長者のうわさも聞かざりき、住む人の多くは廓者にて良人は小格子の何とやら、下足札そろへてがらんがらんの音もいそがしや夕暮より羽織引かけて立出れば、うしろに切火打かくる女房の顔もこれが見納めか十人ぎりの側杖無理情死のしそこね、恨みはかゝる身のはて危ふく、すはと言はゞ命がけの勤めに遊山らしく見ゆるも をかし 、娘は大籬の下新造とやら、七軒の何屋が客廻しとやら、提燈さげてちよこちよこ走りの修業、卒業して何になる、とかくは檜舞台と見たつるも をかしからずや 、垢ぬけのせし三十あまりの年増、小ざつぱりとせし唐桟ぞろひに紺足袋はきて、雪駄ちやらちやら忙がしげに横抱きの小包はとはでも しるし 、茶屋が桟橋とんと沙汰して、廻り遠や此処からあげます、誂へ物の仕事やさんと此あたりには 言ふぞかし 、一体の風俗よそと変りて、女子の後帯きちんとせし人少なく、がらを好みて巾広の巻帯、年増はまだよし、十五六の小癪なるが酸漿ふくんで此姿はと目をふさぐ人も あるべし 、

——資料⑰

　実は第一章はこのあと 20 行ほど続きますが、全部が一文になっています。つまり第一章全部に対して句点「。」が一つしかありません。そもそも「文」または「センテンス」の考え方自体が菊池寛の文章とはちがっているのかもしれません。先ほどから「文末」の過去形などと書いてきましたが、これでは比べることさえできない！　そこで、現代の小説家

なら「、」ではなく「。」を打つと思われる「文末」を枠で囲んであります。

よく見ると、英語の現在形にあたりそうな「文末」ばかりが並ぶ中に、「申き」「聞かざりき」と英語の過去形に近い時間表現が二つあるだけです。非常に雑な言い方をすれば、「過去形」と「現在形」の比率は『恩讐の彼方に』の逆です。

　　過去形　2　：　現在形　8

三遊亭円朝の語り

日本語の時間表現を英語の現在形、過去形とくらべるために、樋口一葉よりももう少しさかのぼってみましょう。明治になる直前の1859年に三遊亭円朝の『真景累ヶ淵』が発行されています。この時代に円朝が翻訳ものに影響されていたとは考えにくいと思います。また少し長めですが、枠で囲んだ部分と下線を施した部分だけさっと眼を通してください。意味を取る必要はありません。（　）の中は菊池寛風な文末に書き換えた場合です。

　只今の事ではありませんが、昔根津の七軒町に皆川宗悦と申す針医が ございまして （ございましたが）、この皆川宗悦が、ポツポツと鼠が巣を造るやうに蓄めた金で、高利貸を初めたのが病みつきで、段々少しゝ溜るに従っていよいよ面白く なります （なりました）から、大した金ではありませんが、諸方へ高い利息で 貸し付けてございます （貸し付けておりました）。ところが宗悦は五十

の坂を越してから女房に別れ、娘が二人有つて、姉は志賀と申して十九歳、妹は園と申して十七歳で ございます （ございました）から、其二人を楽みに、夜中の寒いのも厭はず療治をしては僅かの金を取つて参り、其中から半分は除けて置いて、少し溜ると是を五両一分で貸さうといふのが楽みで ございます （ございました）。安永二年十二月二十日の事で、空は雪催しで一体に曇り、日光おろしの風は身に染みて寒い日、すると宗悦は何か考えて居りましたが、……

——資料⑱

　このあとはしばらく宗悦と娘二人の掛け合いが続きます。地の文の「た」形、「る」形の比率はざっと『たけくらべ』と似ています。

過去形　3　：　現在形　5

としましょう。
　とくに最初の「只今の事ではありませんが……昔……貸し付けてございます」が印象的です。それだけで、ここから先に語ることはすべて「昔」に起きたことなのだと示していて、「た」形は使っていません。この「昔……貸し付けてございます」というつながりは英語ではあっさり過去形になってしまいそうです。日本語の時間表現が語尾で処理されるとは限らないという好例でしょう。英語の時間表現とは、どこか大きく違っていると考えざるをえません。

日本語の文末は「た」と「る」が入りまじる?!

ここまで見てきた日本語文の「た」形と「る」形の割合に、いくつかほかの作品も加えて確認しましょう（数え方は簡単ではありません。それぞれできるだけ冒頭から数えるようにしました。インターネットで「青空文庫」で検索して、原文をたしかめることができます）。

	資料	過去文末	現在文末
1872年	『真景累ヶ淵』	3	5
	（枕のあとから、地の文だけを勘定）		
1895年	『たけくらべ』	2	8
1906年	『坊つちやん』	8	11
	（第2章冒頭1段落）		
1919年	『恩讐の彼方に』	9.5	0.5
	（「受けたのである」を0.5と勘定）		
1973年	『蠅の王』	12	0

こうしてみると、明治から現代へと次第に過去文末が増えているように思われます。ここまでに見た例から、日英の時間表現を簡単にまとめてみましょう。

＊日本英語では過去を表すことになっている、いわゆる「過去形」が、明治初期の円朝の語り、樋口一葉の小説ではごくたまにしか使われない。
＊逆に英語の過去形は小説の地の文のほとんどで使われ、現在形が混在することは滅多にない（混在している場合

第3章 過去か未来か、はたまた今か？

は作家にはっきりした意図がある)。
* また、英語なら過去形を使うはずのところで、日本英語では「現在形」とされる「昔……ございます」のような言い方がある。これは日本語は必ずしも時間を語尾で表現しない端的な例といえる。
* 明治から現代へ時代が下るにつれて「た」形が支配的になっているらしい。

「た」「る」の混在は当たり前？

日本語文の一つの特徴は英語でいう過去形と現在形の混在です。上の時代順の表を見ると、1906年の『坊っちゃん』までは二つが混在していますが、1919年の『恩讐の彼方に』からは圧倒的に「過去形」の中でも「た」形が支配的になっています。

そこで、『恩讐の彼方に』以後「た」形が支配しているのは英文和訳の影響だと仮定しましょう。そして、日本語の本来の姿は(簡単に決めることはできないはずですが)「過去形」と「現在形」の混在だと仮定しましょう。その上で、最初に登場した問題1の日本語訳についてもう一度考えてみます。

翻訳の文末はすべて「た」形でした。それに対して、試訳1はすべて「る」形に直しました。よく読むと、わたしにはどちらも不自然だと感じられます。そこで、もっと自然に読めるように「た」と「る」を混在させて、試訳2を作りました。□の中は「現在形」、下線は「過去形」です。

【試訳2】

　ジャックは かがみこむ 。低く構えたところは短距離走者を思わせ、鼻はしめった地面から何インチも離れて いない 。樹木の幹と、幹を飾る蔓草が混然と霞みはじめる頭上30フィートあたりには緑の薄暗がりが広がり、地面一帯は下生えが覆っていた。獣道の痕跡はほんのかすかだが、小枝が一本折れて いる し、地面のへこみはひづめの片側がめりこんだものかも しれない 。ジャックは顔をさらに低くして、へこみをにらみつけた。無理やり口を割らせようというの だ 。ついで犬のように四つん這いになると、苦しい姿勢をものともせずじりじりと這いすすんで、5ヤード行ったところでぴたりと 止まる 。目の前には蔓草が半月のように垂れて、節から巻きひげが出ていた。そのひげの下側はつるつるになって いる 。豚の群れが半月の下を くぐった ときに剛毛の生えた背中で こするからだ 。

　下線を引いた4カ所を「た」形にしました。そのせいか、この日本語訳はかなり自然に読めるような気がします。けれども混ぜ方に何か基準があったわけではありません。

全取っ替え？

　さて、ここからが大問題です。「た」形ばかりの文章に「る」形が混じると読みやすい文章になるようですが、ここで、さらにもう一つ試訳をお目にかけましょう。まずは全文を読んでください。

第3章　過去か未来か、はたまた今か？　083

【試訳3】

　ジャックは<u>かがみこんだ</u>。低く構えたところは短距離走者を思わせ、鼻はしめった地面から何インチも離れて<u>いなかった</u>。樹木の幹と、幹を飾る蔓草が混然と霞みはじめる頭上30フィートあたりには緑の薄暗がりが広がり、地面一帯は下生えが覆って いる 。獣道の痕跡はほんのかすかだが、小枝が一本折れて<u>いた</u>し、地面のへこみはひづめの片側がめりこんだものかも<u>しれなかった</u>。ジャックは顔をさらに低くして、へこみを にらみつける 。無理やり口を割らせようという<u>のだった</u>。ついで犬のように四つん這いになると、苦しい姿勢をものともせずじりじりと這いすすんで、5ヤード行ったところでぴたりと<u>止まった</u>。目の前には蔓草が半月のように垂れて、節から巻きひげが出て いる 。そのひげの下側はつるつるになっていた。豚の群れが半月の下を くぐる ときに剛毛の生えた背中でこする<u>からだった</u>。

　どうでしょう、入れ替える前の試訳2と、とくに印象が違わないのではありませんか？　ところが文末を見ると、試訳2と試訳3は大違いなのです。

　気がついた読者もいるでしょうが、試訳3は試訳2の「過去形」「現在形」をそっくり入れ替えたものです。にもかかわらず、どちらも印象はたいして違わない……。とすると、一体日本語の「た」形、「る」形は何を表現しているのでしょう。わたしにはよくわからなくなってきました。これからの課題です（日本語の仕組みに興味のある読者は、四角く囲

んだ動詞をあれこれ「た」形にしたり、「る」形にしたりして実験してみてください)。

とはいえ、一つだけはっきりしていることがあるような気がします。それは、

英語の時間表現は動詞中心だが、日本語の時間表現は動詞中心ではない

ということです。英語が動詞中心で時間を表現するのを、そのまま日本語訳でも動詞中心で表現することも、日英文法を無理やり対応させていると言えるでしょう。さらにいえば、日本語文の語尾はかならずしも動詞ではなく、形容詞などで終わることもありますから、ますますこの対応には無理があることになります。

では「未来形」は?

英語の過去形が日本語ではかならずしも「過去形」に対応しないことが明らかになったと思います。そのために英語の過去形を、日本語では単調さを避けるために現在形に訳してもいいこともわかりました。では「未来形」はどうなのでしょう?

最初にお断りしておきますが、昔は「未来形」という学校文法用語がありましたが、いまではこの用語を使う英語学者はほとんどいないと思われます。その理由は簡単なことで、動詞の現在形と過去形は動詞そのものの変化形で表すのに対して、「未来形」は動詞とほかの語(will や be going to な

ど）を組み合わせているからです。動詞自身の「形」ではないところが現在「形」や過去「形」と違うからです。

will は「……だろう」「……でしょう」か？

ここではその中で will を日本英語がどう訳してきたかを見てみましょう。

> "*Will* (or *Shall*) *we* be in time?"
> "Yes, *we'll* get there by six."
> 「私たちは間に合うでしょうか。」
> 「はい、6時までにはそこに着くでしょう。」 ——資料⑲

これが典型的な学校英語の訳し方と言えるでしょう。実際に聞くことがあるとは思えない、よそよそしいやりとりです。第1章の「彼と彼女の話」で明らかになったように、この状況では「私たち」という「主語」はいらないと思われます。それに、「はい」という受け方も、この世のものとは思えません。英文の方は十分にこの世のものなので、そのまま日本語に直せば、次のような会話になると思われます。

「間に合う？」
「大丈夫、6時には着くよ」

ここでも第1章の「人称代名詞は基本的に訳さなくていい」という原則が当てはまりますね。資料⑲の訳でも、「はい、6時までにはそこに着くでしょう」では、さすがに「私

たち」が省略されています(それならなぜ最初の文の「私たち」は省略しなかったのか?)。

しかし、注目すべき点は、すぐ上の試訳では「間に合う」「着く」と「現在形」になっていることです。未来のことを語っているのですが、日本語では終止形の「合う」「着く」でまだ終わっていないこと、つまり未来のできごとを表すことができるのです。例はいくらでもあります。

「あした学校来る?」　　　　　　「来るよ」
「宿題いつやるつもり?」　　　　「あしたやるってば」
「今度呑みに行かないか?」
「この花、来週もきれいかな?」　「きれいだよ。まだ咲い
　　　　　　　　　　　　　　　　たばかりだから」

脱「脱亜入欧」はいつ?

つまり日本語では未来のことは終止形で表せるのですね。ところが日英文法の一対一対応を信じたい人たちは、英語が「will+動詞の原形」なのだから、日本語でも「動詞の原形(終止形?)+だろう、でしょう(will の代わり?)」でなければならないと思いこんでいるのでしょう。たとえば次のような例もあります(　　　はわたしがつけたものです)。

He *will be here* in half an hour.
　(彼は半時間したらここに 来るでしょう 。)
Will you need any help?
　(何かあなたの手伝いが必要と なりそう ですか。)

No doubt *I'll see* you next week.
（間違いなく来週お目にかかることに なるでしょう 。）
——資料⑳

　一語一語を訳していけば原文の意味が伝わると思いこんでいるらしい点は、素朴としか言いようのない脱亜入欧訳です。
　普通の日本語でおなじことを言うときは次のようになると思われます。

あと30分で 来る よ。
　　（この文では he は話し手と聞き手の間で了解があるはずなので、日本語では訳す必要はありません）
助け、 いる ？
　　（any、you まできっちり訳しているのは脱亜入欧というより植民地根性、または奴隷根性か？）
では、来週 お会いする ということでよろしいかな。
　　（この英文は少々気取った、畏まった調子です）

　なお、わたし自身、長い間「will＝だろう、でしょう」と思っていました。けれどもあるとき商社に勤めていた友人が、「will は「だろう、でしょう」じゃないね」と指摘してくれて、はっと目が覚めました。ここにこの友人への感謝を込めて告白しておきます。友人は商社で取引の契約書を訳す必要があって、その際に will を「だろう」や「でしょう」と訳すと将来のことを断言していないので、契約書にならないと気がついたのだそうです。たしかに日本語の「だろう、でし

ょう」は推測であって、未来のことを断言しているわけではありません。契約書に使えないことは納得できます。

まとめに代えて——日本語の時間表現

　時間表現については、わたしは「まとめる」ことができません。ただ「対応していない」としか現段階では言えません。日英語どちらの時間表現もわたしにはよくわかっていないからですが、特に日本語の時間表現がわからないのです。そこで、日本語の時間表現について日本語ではどういう風に時間を表現しているのか少しだけ考えをめぐらせて、「まとめ」に代えることにします。

　たとえば円朝の『真景累ヶ淵』の場合は、「ただいまのことではございませんが」と断るだけで、続く部分はすべて過去のできごとということになり、そこではおもに「る」形を使って話が展開します。いわば場が過去に設定されたあとでは、動詞の形で過去を表現することは必要ないように見えます。

　けれどもわたしは、英語の時間表現も日本語の時間表現も、どちらもだれもよくわかっていないという気がしてなりません。たとえば英語では「現在形」が何を表現しているかについては、いまも議論が続いています。また日本語については、「た」形は過去時制なのでしょうか、それとも完了相なのでしょうか？　過去時制なら絶対時間の軸上で過去に属することを表現していることになり、完了相なら、過去・現在・未来のどの時点であれ、そのときまでに完了している動作や状態を表していることになります。完了と考えた方がより多く

の使用例を説明できるような気がしますが、そもそも「日本語の時間表現は動詞近辺だけなのか？　一文全体の中で時間を表現しているのか？」といった大問題もあります。

　この章の中心はそうした大問題に答えを出そうというのではなく、日本英語、特に学校英語が前提としている、

過去形　　→　「……た」
現在形　　→　「……る」
will　　　→　「……だろう、でしょう」

といった「決まり事」の誤りを指摘することでした。

　その習慣が翻訳に及び、そこから日本語で書かれた小説にまで影響が及んでいるとすると、「過去形」「現在形」「未来形」の問題は日本と欧米の文化衝突や文化受容に関わる問題になりそうです。その大きな問題は本書ではおくとして、日本英語が日英の時間表現の違いに目を向けてこなかったという問題はなんとかしたいものです。

　これもまた言うは易く行うは難い問題です。学校英語で「過去形」「現在形」に慣れてしまうと、英語の時制に対する感覚は非常に鈍ってしまうようです。わたし自身、若いころは文法少年であり、大学後半からは辞書青年だったので、いまでも基本的には日本英語の文法理解を通して英語を理解していると痛感しています。辞書と文法の甚大な害の一つがわたし自身の「英語の時間表現」に対する鈍さです。

　たとえば、英語の小説はほとんどが基本的に過去形で書かれていますが、中には作者の工夫で、あるところから急に現

在形が出てくる小説もあります。ところが、わたしは時制が変わったことに、しばらくは気がつかないのです。ときには何十ページも読み続けてから「あれ、どこから現在形になったんだろう？」と戻ってみることがあります。本書に出てきた作品では資料①がそれで、現在形で書かれた部分と過去形で書かれた部分が交互に出現します。わたしはその転換にすぐには気づかないのです。まして時制の転換の意義を感じとることなどできません。また、パトリシア・コーンウェル作の「スカーペッタ」シリーズも、途中の巻からは地の文を現在形で書くようになりました。これもなかなか気づきませんでした。なぜ過去形で書いていたものを現在形で書かなければならなかったのか、それはいまでもわかりません。さらに最近ではプリンストン大学の学生生活とイタリアの古文書研究をからめた青春ミステリー小説 *The Rule of Four* がやはりほぼ全編現在形で書かれています。この本の場合何度かの時制転換がありますが、わたしにはそのニュアンスがわからないのです。そうしたことが何度も何度もあって、わたしはやっとわたし自身及び日本英語の鈍感さに気がついたのでした。

　過去形をすべて「た」形で訳し、現在形をすべて「る」形で訳すような鈍い感覚では、英語の原文の中で突然現れる現在形の衝撃の強さは伝わらないと思われます。日本英語の緩やかな時間感覚から見れば英語の厳しい過去形、現在形の使い分けは理解の範囲を越えているのでしょう。

なぜ過去形を「た」形で訳すのか？

　では、わたし自身を含めてなぜ日本英語は英語の時間表現に対する感覚を失ってしまったのか？　おそらく第1章、第2章でも障碍になった二つのこと、つまり文法の一対一対応と「孤立した文」が関係していると、いまは考えています。

1　時間表現の一対一対応

　「文法の一対一対応」により、日本英語は「英語は時間を動詞中心で表現するのだから、訳文でも動詞中心（すなわち語尾）で時間を表現しなければいけない」と思いこんだわけです。そこへ生真面目な脱亜入欧がからんで、過去形は「連用形＋た」形で訳し、現在形は用言の終止形で訳すことになってしまった……。

2　「孤立した文」で学ぶ愚

　自然な日本語では「た」形、「る」形が混じって使われます。せめて1段落くらいの長さを英文和訳するのであれば、「た」形と「る」形を混ぜることもできたでしょうが、孤立した文を訳すには、忠実に対応させるしかありません。このことは入試英語の王である「部分和訳」（数百語の英文の中から選ばれた20語か30語の文を一つ訳す問題）では、過去は過去のように、現在は現在のように訳さなければ、減点されてしまうことに象徴的に明らかです。そうした試験で培われた英文和訳をそのまま翻訳に持ちこむと、「た」「た」「た」「た」「た」と続く日本語ができあがります。

次章では日本英語にとって時制の一対一対応よりもはるかに大きな欠陥である「語順」について、考えましょう。

第4章　語順という呪縛

孤立が無秩序につながる

　第3章までは、代名詞や冠詞、時制といった比較的こまかい文法項目について日本英語の常識を問い直してきました。本章ではより大きな単位を対象にします。それは「文」で、なかでも文の中の「語の並び方」を取り上げます。

　日本英語は「孤立した文」を対象に英文を分析してきたので、文から文への情報の引き継ぎについて理解が足りていませんでした。そのために語順の矛盾に気づかず、危うい語順変換が行われています。

　危なっかしい語順変換がいまだに行われている大本の原因は、語順変換を次のような「常識」が支えているからでしょう。いわく、

日本語と英語は語順がちがう

したがって、

英語を理解するには日本語の語順に直さなければならない

というわけです。

　一見これは理屈が通っているように見えます。前段の「**日英両語の語順のちがい**」はまちがいなさそうです。しかし、だからといって後段の「**英語の語順を日本語の語順に転換しなければ理解できない**」という理屈は誤りだと思われます。単に誤りどころか、非常に大きな害をもたらしていることをこの章で説明します（日本語に直さなくても英語を理解することはできます。しかも入門のレベルから日本語に直さずに英語を獲得していくことは可能です。その説明は第2部第7章以降で書きます）。

　上の二つの常識は、大きく二つの害をもたらしているように思われます。まず、語順の違いを強調することで、先生にも学習者にも、

「英語を理解するには日本語を通さなければならない」と思わせたこと

　もう一つは、英語の語順を日本語の語順に直すために、先生にも学習者にも、

　誤読が起きること

です。最初に第1番目の害をちらっと見て、それから2番目についてじっくり見ていきます。

第4章　語順という呪縛

§1　英語を理解するには日本語を通さなければならない？

　語順のちがいは、英語の学習には日本語の助けが必要だという主張の大きな根拠とされています。たとえば次の引用を見てください。以下の引用元はどれも資料㉑ですが、これは翻訳についてさまざまな英語専門家の意見を集めた本です。最初の引用は同書の「はじめに」に書かれているもので、翻訳を通じて英語を考えることの大事さを述べたあと、翻訳は翻訳家だけの関心事ではないとして、次のような文が現れます。

> 　日本人が日本語を通して英語をきちんと理解することをも、翻訳のうちに考えています。(中略) ひろい意味での英語テクストの読み取り自体を、翻訳と呼ぼうというわけです。　　　　　　　　　　　　　　　　　　　――資料㉑

　つまり英語を「きちんと理解する」ためには日本語を通す必要があると宣言しているといっていいでしょう。
　同じ筆者による序章には、従来の英語教育の擁護がもっとはっきり書いてあります。

> 　……いま必要なのは、日本の伝統的な英語教育法が、与えられた苦しい条件のもとで、どれほど効果的・機能的に働いてきたかという点を、あらためて考えなおし、それを生かす工夫をすることです。　　　　　　　　　――資料㉑

わたしの勝手な深読みによれば、1997年に刊行されたこの本は文部科学省への抗議のように思われます。文科省は1992年に実施された指導要領から会話英語を重視しはじめたといっていいでしょう。資料㉑はいわば伝統的文法訳読を捨てようとした文科省に異議を唱えていると解釈できないこともありません。この資料全体が実は「伝統的な英語教育法」を擁護するために出版されたといってよさそうです。

英文和訳は「日本人の宿命」？

　「伝統的な英語教育法」はいわゆる「文法訳読法」で、その中心は英文和訳でした。同じ資料からの次の引用は堂々と、英語の理解のために英語の語順を日本語の語順に置き換えることは必須だと、主張しています。筆者は漢文専攻で、英文の伝統的な読み方を「英文訓読」と喝破しています。それはまったく的を射ているとだれでも思うでしょう。しかし、次の結論についてはどうでしょうか。

> たしかに、えっちらおっちら語順を転倒させて文意を考えていると、もどかしさのあまり情けない気分になることもあるでしょう。けれども、SOV〔酒井注：主語－目的語－動詞と並ぶ〕型の日本語を母国語とするわれわれにとって、SVO〔酒井注：主語－動詞－目的語と並ぶ〕型の外国語を訓読流に受け容れるのは避けられない事態なのです。事実、漢文訓読、蘭文訓読、そして英文訓読と、常に日本人はSVO型の外国語を訓読によって受容してきました。おそらく、英文訓読はわれわれ日本人の宿命なのであります。

――資料㉑

たしかに昔、わたしたちは英文をためつすがめつあっちの単語からこっちの単語へと軽業師のように跳びまわりながら読んでいました。けれどもその作業からいつかは逃れたいとだれもが思っているのではないでしょうか？　英文和訳を重ねるうちにいつか日本語に訳さずに英語を英語のまま理解できるようになる……。ところが資料㉑は、そうした語順転倒和訳読みを「宿命」だと言い切っています。英語学習者は一人残らず暗い気持ちになるのではありますまいか。

ゾンビー現る！

資料㉑は英文訓読という暗い「宿命」を英語学習によみがえらせようとしました。英文訓読の役目はとうの昔に終わっているとわたしは思います。その意味で資料㉑は出し遅れた証文であって、忘れられた幽霊がのっと出てきたよう、あるいは古い墓場から現れたゾンビーのようです。

だからといって、わたしは文部科学省のオーラル・コミュニケーション路線を歓迎しているのでもありません。第6章でくわしく書きますが、こちらもまた役に立たないこと悲劇的なものがあり、英文和訳を過去から現れたゾンビーとすれば、いわば文部科学省の現在の指導要領は未来のゾンビーです。本書の第2部「解決篇」では、英文訓読ゾンビーとオーラル・コミュニケーション・ゾンビーの両方を超える提案をしますが、まずは「過去のゾンビー＝英文和訳」の依って立つ「語順問題」をはっきりさせましょう。

§2 英文和訳は誤読の元

　本書は日本英語が外国語である英語についてさまざまな勘違いをしていることを説明してきました。中でも最大の勘違いが「語順」についての誤解だと思います。文法の害のなかでも最大にしてしかも根深いためにかえって気づかれませんでした。英語を訳すときに言葉の順序をひっくり返すことは当然と考えられてきました。けれども、「日本語と英語の語順はちがう」と主張するときの「語順」とは一体どういうものなのでしょう？

語順てなに？

　日本英語では英文和訳の語順変換を疑うことはまずありません。そのために、中学1年生の最初に「英文を訳すときの順番」を覚えてしまうと、その後話題になることは滅多にありません。

　まず、日本語と英語の「語順」とは何かを考えましょう。日本英語が想定しているのは次ページのような語順変換だと考えられます。

　もちろんもっと複雑な構造の文になると、さまざまな「発展英和語順変換ルール」があります。たとえば関係代名詞がある場合などの複雑なひっくり返しがそれです。しかし、とりあえず日英の語順の違いを考えるにはこうした単純な例でいいでしょう。

> **基本英和語順変換ルール1**
>
> 英文：だれが、どうした、なにを、どこで、いつ
> 　　　　1　　　　2　　　　3　　　4　　　5
>
> 和訳文：だれが、いつ、どこで、なにを、どうした
> 　　　　 1　　　5　　　4　　　3　　　2

　単純ですが上の変換ルールは非常に呪縛力が強く、資料㉑はこの前提を毫も疑っていないように見えます。実は資料㉑はほとんど大学の英語関係者ばかりが書いているのですが、その中で日本英語の語順変換に疑問を持った記事は一つもありません。むしろ語順変換を支持する意見ばかりのようです。

> **コラム　文法的に正しい語順変換？**
> 　資料㉑の英文和訳肯定論は日本の英語参考書がすべて肯定している大前提ですが、英語参考書ではなく英日翻訳に関する資料には語順の呪縛を逃れようとした意見もないわけではありません。
>
> > 〈They stayed on the moon for 22 hours.〉を普通に──文法的に正しく──訳せば、「彼らは月面に二十二時間滞在した」である。この文章は、これしか訳しようがないではないかと思っている人が、特に学生のあいだでは多いようだが、実は、これは文法形式第一主義に縛られた考えかたであって、語順尊重の立

場から訳せば、「彼らが月面に滞在したのは二十二時間である」と訳さなければならないことになる。

——資料㉒

英和語順変換ルールをときには破る必要があると考えている点はよいのですが、一方で学校英語の英和語順変換ルールを「文法的に正しい」と考えている点は日英文法の一対一対応を肯定しているように解釈できます。英和語順変換ルールはできるだけ守るが、便法としてたまにはルールを破ることもある、という立場なのでしょう。

マザーグースから

英和語順変換ルールを守った典型的な例がマザーグースのわらべうたにあります。このわらべうたは日本語訳でも調子がよく、またとても覚えやすいので、知っている人はなかなか日本語版を頭から追い出せないでしょう。そのため「語順尊重の立場」から訳すことは大変です。そこで、問題1として考えてみましょう。

<u>問題1</u>　次のわらべうたを英文の語順を生かして日本語で表現しなさい。

This is the house that Jack built.
This is the malt that lay in the house that Jack built.
This is the rat that ate the malt that lay in the house

> that Jack built.
> This is the cat that killed the rat that ate the malt that lay in the house that Jack built.
> This is the dog that worried the cat that killed the rat that ate the malt that lay in the house that Jack built.

これは英文学や英米の児童文学に通じた人にはよく知られたわらべうたで、たくさんの日本語訳があります。そのために「英文の語順を生かした和訳」はなかなか思いつきません。次のように訳されるのが普通です。

> これはジャックがたてた家。
> これはジャックがたてた家にあったモルト。
> これはジャックがたてた家にあったモルトを食べたネズミ。
> これはジャックがたてた家にあったモルトを食べたネズミを殺した猫。
> これはジャックがたてた家にあったモルトを食べたネズミを殺した猫を追いかけた犬。

こうやって次々に文が長くなっていくのがたまらなくおかしくて、こどもたちは笑い転げるというわらべうたで、本当はこのあとにまだまだ続きます。上の和訳は関係代名詞を含む場合の英和語順変換ルールに従っているので、下のように英文の語順1・2・3・4・5がばらばらになっています。

―――― **基本英和語順変換ルール2** ――――
This is the house that Jack built.
　1　　2　　　3　　　　　4　　　5

これは　ジャックが　たてた　家　（です）。
　1　　　　4　　　　　5　　　3　　（2）

さて、そのルールを破ることは可能でしょうか？　英文和訳の語順変換を捨てることができないと、上の訳を抜け出すのに四苦八苦するはずです。でもやってみてください。その苦労こそ、わたしたちの頭の中の英和語順変換ルールがどれほど根強いものかを教えてくれるのです。

解答篇：語順通りとは？

　実はとても簡単なコツがあるのですが、それは次の日本語訳を読めばすぐにわかると思います

　　　　　　　　　　　　　　この家はジャックが建てた。
　　　　　　　　このモルトがあった家はジャックが建てた。
このネズミが食べたモルトがあった家はジャックが建てた。
この猫が殺した
　　ネズミが食べたモルトがあった家はジャックが建てた。
この犬がいじめた猫が殺した
　　ネズミが食べたモルトがあった家はジャックが建てた。

別にむずかしい語順変換をしたわけではありません。よく

見ると、原詩の詩行の中で、強く読むところを順番に並べて、日本語にしただけです。

> **This** is the **house** that **Jack** **built.**
> この　　　　　家は　　　ジャックが　建てた
>
> **This** is the **malt** that **lay** in the **house**
> この　　　　モルトが　　あった　　　　家は
> that **Jack** **built.**
> 　　ジャックが　建てた。
>
> **This** is the **rat** that **ate** the **malt** that
> この　　　　ネズミが　食べた　　モルトが
> **lay** in the **house** that **Jack** **built.**
> あった　　　家は　　ジャックが　建てた。
>
> **This** is the **cat** that **killed** the **rat** that **ate**
> この　　　　猫が　　殺した　　　ネズミが　食べた
> the **malt** that **lay** in the **house** that **Jack**
> 　　モルトが　　あった　　　家は　　　ジャックが
> **built.**
> 建てた。
>
> **This** is the **dog** that **worried** the **cat** that **killed**
> この　　　　犬が　　いじめた　　猫が　　殺した
> the **rat** that **ate** the **malt** that **lay** in the
> 　　ネズミが　食べた　　モルトが　　あった
> **house** that **Jack** **built.**
> 家は　　ジャックが　建てた。

種明かししてしまうと実に簡単なことですね。これをわた

しは「墨塗り法」と呼んでいます。上の太字の語は強く読むところですが、細字の部分を黒く塗りつぶすことで、英文和訳の癖から抜け出しやすくなるからです。これなら英文和訳のように英文中の語をあっちこっちと渡り歩きながら訳す苦労から解放されます。

　実に簡単なやり方ですが、この方法を実行できれば学校英文法の呪縛はほとんど解くことができます。どうして呪縛から解放されるのか？　それは語順変換こそ日英文法混同の根本にある邪魔者で、そこから日本英語の誤った常識のかなりの部分が派生しているからです。そこで墨塗り法を実行していくと、頭の中の大掃除ができてしまうのです。どんな常識が壊されるのか、見てみましょう。

学校英文法違反

　ただし、わたしは英語の語順に沿った日本語訳を学校でも取り入れるべきだと言っているわけではありません。そもそも学習途中の生徒や学生や社会人は、たとえ翻訳家をめざしていても、和訳に手を染めるべきではありません。

　それにこうした和訳は学校ではおそらく受け入れられないでしょう。コラムに書いたように「文法的に正しくない」からです。学校英文法に違反している項目を並べてみましょう。

　×　まず、This は主語なのに「これが、これは」と訳さ
　　　ずに、「この」と訳している。
　　　　　　とても耐えられないという先生がいると思います。
　　　　　けれどもこの This は主語だというので、「これは」

第4章　語順という呪縛　105

とはじめてしまうと、なかなか基本変換ルールから抜け出せないことになります。「主語は主語に訳す」という文法の一対一対応の呪縛です。
× また、house という、学校英文法では第3文型の補語を主語のように訳している。
× また、学校英文法通りなら
　「モルト　を　食べた」
　（目的語）　　（過去形）
となるべきなのに
　「食べた　モルトが」
　（過去？）（目的語兼主語？）
となっていることも、学校英語の一対一対応をいくつも破っています。
× そのために、関係代名詞の that をことごとく無視したかのようになっている！

　試験でこんな訳をしたら、「意味は通じるが、チェックポイントをはずしている」というので、まちがいなく零点になるばかりか先生の機嫌を損ねて、内申書の評価も低くなってしまうでしょう。けれども代わりに頭の中の邪魔者は陽に当たった淡雪のように溶けていきます。

語順から句順、節順へ

　上の練習問題は比較的短い文だったので、語の順番が問題でした。それに対して次の英文では全体が長いので、語よりも長い単位（つまり句や節）の順番が問題になります。

問題2 次の原文と翻訳文について、それぞれの下線部（主部）と四角い枠で囲んだ語（動詞）の位置を確認しなさい。英文を読む必要はありません。

"... All settled habits, all solid social order, all the way in which the farmers who were our fathers and grandfathers did manage to live in the world, melted into a hot mush by sensations and sensualities about film stars who are divorced every month or so, and make every silly girl think that marriage is only a way of getting divorced."　　　　　　　　　　　　——資料㉓

「……あらゆる根ぶかい習慣、あらゆる堅固な社会的秩序、農民だったわれらが父や祖父が悪戦苦闘してきた、そのたくましい生きかた、そういったものが、今や、一月ごとに離婚して、結婚とは離婚への一手段にすぎぬとそこいらのばかな娘さんがたに信じ込ませている映画スターをめぐる扇情的、官能的なゴシップによって、見る影もなくぐにゃぐにゃに 溶けさってしまった 」　　　——資料㉔

英文と訳文の囲みの位置を見ると、英文の melted は真ん中あたりにありますが、それを訳した 溶けさってしまった は訳文の最後に来ています。つまり、 melted は下線部のすぐあとにあるのに、 溶けさってしまった は下線部からずいぶん離れています。普通は「なにが」と「どうした」のあい

第4章 語順という呪縛　107

だがこれだけ離れていると、「なにが」の部分を忘れてしまい、つながりがわかりにくくなります。日本英語の英和語順変換ルールに従うと、こうした読みにくい訳文になってしまいます。

そこで墨塗り法を利用して、語順（というより句順、節順）をできるだけ逆にしないように訳してみると、次のようになります。

【試訳】
「……長年のしきたりも堅固な社会秩序もあらばこそ、要するに土に生きていた我らの父祖とそのまた父祖が営々として築き上げた暮らしぶりをすっかり 骨抜きにしてしまった のは映画スターたちのあたりかまわぬ、あられもない所業で、月の変わるたびにやれ結婚だ、やれ離婚だと繰り返すものだから、今ではそこらの娘っこの頭の中まで結婚は単に離婚のための手続きということになってしまった」

おそらくどなたも、墨塗り法による試訳の方が読みやすいと感じるのではないでしょうか。もしそうだとすれば、読みやすい理由は主部と動詞が近いからでしょう。

主部と動詞を近づけた結果、というよりは英文の語順にできるだけ忠実に訳した結果、主部は目的語のように訳され、原文では自動詞の melted は他動詞のように訳すことになりました。この試訳も学校英文法の破壊ですね。

理屈っぽくなりますが、そもそも原文の melted into a

hot mush by ... は「非文法的」です。melted は自動詞なのに、著者（チェスタートン）の気持ちとしては他動詞の受け身のように感じられているようで、行為者を示す by が続いているのですね。前半能動、後半受動という文章になっているのです。けれども英語をそのまま理解できる人はだれでも、そんなことは意識せずに内容を受け取ります。「文法的に正しい」という言葉の虚しさを思わせる一文ではあります。

二つの文にまたがる語順の乱れ

ここまでの例文はどれも一つの文の内部だけに注目して、語順の乱れが読解を邪魔する様子を見てきました。ところが、英文和訳のお約束を守るとわかりにくくなるのは一つの文の中だけではないのです。次に、二つの文にまたがる乱れを取りあげましょう。

<u>問題3</u>　次の日本語文の「そうでもしないと」は「どうしないと」なのか考えなさい。なお、原文はノールウェイに木造家屋が多いことを論じている。

　彼は、木造の家がいちばん好きだ、といった。「木は呼吸する」
　「火事はどうなんですか？」
　「これまでは、つねに火災の危険が大きかった。時には、町全体が焼けてしまったことがある。しかし、今は、消防隊がきわめて迅速、効果的なので、ホースでガソリンをかけないかぎり、保険金目当てに自分の家を焼くところはで

きない、ということだ。そうでもしないと、パッと煙が出るやいなや、火が消されるそうだ」
——資料㉕

　一瞬「あれ？」と思いませんでしたか？　実は訳文は語順変換をしているので、「そうでもしないと」の「そう」と「そうの中身」が離れているのです。そのために「どうしないと」なのか意味がわかりにくくなっています。
　原文を見てみましょう。下線部と四角い枠の位置を確認してください。

> He liked wooden houses best, he said. "They breathe."
> "How about fire?" I asked.
> "It always used to be a fearful risk. Cities were burned sometimes. But now our fire services are so fast, so expert, that I am told if you want to burn your house for insurance, you have to <u>hose it down with gasoline</u>. Otherwise the fire will be put out at the first puff of smoke."
> ——資料㉖

　下線部と☐は隣り合っていますね。そのために、Otherwise（そうでもしないと）は「ホースでガソリンをかけないかぎり」のことだとあっさりわかります。
　But 以下だけ、原文の順番を生かした訳をこころみます。

【試訳】

「……でもいまは消防が早いわ、うまいわだから、聞い

た話じゃ家を焼いて保険金をもらおうと思ったら<u>ホースで</u>ガソリンをかけなきゃならん。そうでもしないと火事が消されるのと、煙が出るのとどっちが早いかってなもんだ」

英和語順変換ルールにしたがったために、一文の中のつながりがわかりにくくなった例をもう一つ見てみましょう。問題はその文がとてつもなく長いことにあります。

とてつもなく長い文章をどう読む？

英語の先生方はいまだに強烈な語順呪縛にとらわれています。「それは信じられない」という人もいるかもしれません。なぜなら語順が問題になるのは英文和訳の場合だけれども、最近の学校英語は会話重視に向かおうとしているはずだからというわけです。たしかに文部科学省の指導要領がどんどん変わり、それにしたがって中学校の英語はすっかり様相が変わってしまいました。たとえば1年の最初から3年の最後まで会話英語ばかりで、文法用語は使われないことになっています。

けれども変わったのは検定教科書だけで、しかも5文型は指導要領に残っている上、文部科学省は先生の研修をきちんとやっているわけではないので、実際の教室では昔ながらの日本語を通した英語教育が行われています。新しい指導要領が出たら、全英語教員に研修をして徹底するかというと、文科省はそんなことはしません。いわば道路交通法を変えて古い環境汚染車は公道を走れないことにしたのに、古い車の取

第4章 語順という呪縛

り締まりはやっていないようなものです。

そこで、文科省的にはなくなったはずの文法の授業をやるために、進学校ではオーラル・コミュニケーションの時間を文法または文法問題集の授業に振り替えている学校が多いようです(これは科目未履修にならないのでしょうか?)。

そして、大学入試は依然として少量の英文(せいぜい数千語)を2時間もかけて読み解く形式です。おそらく受験生が日本語に訳しながら解答することを前提にした量なのでしょう。

次の例は英語の先生の頭の中も旧態依然としていることを示す例です。

問題4 次の英文を見て、以下のことを確認しなさい。意味や訳を考える必要はない。

---

* 段落全体が一つの文でできている(ピリオドが一つしかない!)。
* no surprise がはじまり近くにあり、oneself が最後の最後にある。
* どこにも he や she が使われていない。

Whatever one's experience of this globe and its inhabitants, however impartial one's judgement and varied one's acquaintance, it would be no surprise if the most enchanting person one had yet encountered, someone

> whose tastes in love and literature, religion and recreation, dirty jokes and household hygiene all lay beyond reproach, whose setbacks were capable of eliciting inexhaustible concern and pity, whose dawn halitosis was the grounds for no quiet shudder and whose view of humanity seemed neither cruel nor naïve – one might without presumption suggest this person to be none other than oneself.　　　　　　　　　――資料㉖

さて、§1で何度も引用した資料㉑は1997年に出版されています。たくさんの英語専門家が翻訳について論じているのですが、その中にとてもおもしろい企画があり、上の英文を5人に別々に翻訳してもらっています。

企画の意図は、「こんなに長く、しかも1文だけでできあがった英文を訳すのは至難の業。だから翻訳を専門とする人たちがどう料理するか見ものだ。そこから翻訳という営為のさまざまな面が立ち現れてこないだろうか」といったことだったと想像します。それほど、この英文は難物だと思われたのでしょう。

実際、翻訳を担当した5人の中の1人は次のように「コメント」しています。

> まず語順を工夫しなければ、リーダブルな日本文にならないと知るべきである。　　　　　　　　　――資料㉑

「語順を工夫」とは、まさにこの章にぴったりの題材とい

えるでしょう。たしかに上の英文を和訳するとしたら、あまりに長くて、基本英和語順変換ルールだけではどうにもならないと思われます。ではどう料理するのか？

長い文の料理法

では、翻訳の実践を担当した5人の料理法を見てみましょう。ただし、見るだけで結構です。読まなくてもいっこうにかまいません。さきほど原文で確認した点に対応する、

* 文末を表す句点（。）の数。
* no surprise の訳（「驚くほどのことではない」）と oneself の訳（「自分自身」）の位置関係。
*「彼・彼女」が使われているかどうか。

を確認してください。

なお、問題の英文の内容が気になる人は下の和訳をどれか一つだけ全文を読んでもいいでしょう。一言で内容をいってしまえば、「だれだって世の中でいちばんかわいいのは自分さ」ということですが、少しずつ解説していきますから、いますぐ内容を理解できなくても大丈夫です。

【翻訳の実践1】
　これまでに出会った人々の中で最も素敵な人物、つまり、恋愛や文学、宗教や娯楽、卑猥な冗談や家の清潔さといったものに対する好みがすべて非のうちどころのない人で、その人が失敗すると限りないほどの心配や同情を自分も感

じ、また、起き抜けにその人の口臭がしてもそっと身震い することさえなく、人間に対する見方が残酷であるとも素 朴であるとも思われない人、そういう人物は、他ならぬ 自分自身 なのだと、何ら厚かましい様子も見せずに、誰 かが指摘したとしても、それは 驚くべきことではない だ ろう 。 たとえ、その人が、この地球上で、また、そこに 住む人々との間でどんな経験をしてきたとしても、また、 どんなに偏りのない判断をし、どんなに多彩な人付き合い をしてきたとしても、この指摘は 驚くべきことではない のである 。

【寸評】

* 句点（。）の数は二つ。途中で切って二つの文にしていま す。
* そして oneself と no surprise の位置関係は原文とは逆で す。最初の数行を最後に持ってきたので、no surprise を ２度訳すことになっています。
*「彼・彼女」は使っていません。

【翻訳の実践２】

ひとが世界とその住人についてどのような経験をしよう と、 彼 の判断がいかに公平で、 彼 の面識がいかに広範 囲に渡ろうと、以下のことは 驚くには及ぶまい 。 つま り、 彼 がそれまで遭遇したなかでもっとも魅力的なひと、 そのひとの愛や文学や宗教や余暇の過ごし方や下劣な冗談 や家庭の衛生に関する趣味がすべて非難に値しないような

ひと、そのひとの失敗が人々の尽きない関心と同情を引き起こす可能性のあるようなひと、⎡彼⎤の朝方の口臭が決して静かならぬ戦慄の根拠になるようなひと、そしてそのひとの人間観が冷酷でもなければ純真なものでもないようなひと、このような人物が⎡彼自身⎤にほかならないと、ひとは、推測抜きで、思い浮かべるだろう⎡。⎤

【寸評】

* 2文に切って訳しています。
* no surprise と oneself の位置も原文に近いのですが、「以下のことは驚くには及ぶまい」は奇妙な日本語ですね。
* ⎡彼⎤がいくつも登場します。そこから oneself を「彼自身」と男にしています。

【翻訳の実践3】

　この地球という惑星と、その住人をめぐるあなたの経験がいかなるものであれ、また、あなたの判断力がいかに公平で、あなたの交友がいかに多彩であれ、これまであなたが出会った誰より魅惑的で、恋愛・文学・宗教・余暇・卑猥なジョーク・家庭内衛生等々すべてに関し非の打ちどころなき趣味を有し、もしその人が不遇をかこつとしたら無限の心配と同情を引き起こすであろう⎡、⎤朝方の口臭がひそかな嫌悪につながることもなければ、その人間観が残酷とも未熟とも感じられない、そんな人物がいるとすれば、それは⎡自分自身⎤ではないか、と あなたが何ら不遜の念なく思ったとしても、決して⎡驚く⎤にはあたるまい⎡。⎤

【寸評】

* 句点（。）は一つで、1文に見えますが、7行目の「引き起こすであろう〈、〉」の読点は「引き起こすであろう〈。〉」と句点になっていてもまったく不思議ではない……つまり実質2文ですね。ただし、原文が全体で1文であることは意識しているのでしょう。
* さらに、no surprise と oneself が逆転しているほか、原文でははじめの方にある no surprise が最後近くに移動しています。
* 「彼・彼女」は意識して避けていると思われます。

【翻訳の実践4】

「この世で出会った人間の中で、一番魅力的なのは、他ならぬ 自分自身 かもしれない、そう考えてもずうずうしくないぞ 」 こんな考えが頭に浮かんだ場合、人はどう受けとめるか ？ さまざまな階層の人びとをたくさん知っている者でも、浮世とそこに住む人間について豊富な経験のある者でも、公正な判断力を誇る者でも、こういう考えを「うん、そうかもしれないな」と、 平然と容認する のではないかと思われる 。 ここで「魅力的な」人と言ったのは、こういう人のことだ 。 つまり、恋愛、文学、宗教、娯楽、わい談、清潔などの点で、非難の余地がまったくなく、何かに失敗した場合には誰からもとてもやさしく同情の言葉をかけてもらえる人柄で、寝起きの際の口臭もさほどひどくなく、また人間一般に対する見解は冷酷でもなく

第4章 語順という呪縛　117

青臭くもない——そんな人のことだ 。

【寸評】
* 句点などは五つ。5文に切れている……
* また、原文ではいちばん最後に出てくる oneself が最初の部分に登場！「平然と容認する」は no surprise の訳と考えました。表現を逆転させたものと思われます。
* 「彼・彼女」はありませんが、「ずうずうしくないぞ」は男の口調？

【翻訳の実践5】
　この世で積む経験は人さまざま 。ま、どんな出会いを重ねてどんな知識を得たにしろ、 自分 に甘いのが人間である 。だから、いかに公平な精神の持ち主でも、今までの出会いの中で一番面白い人物はと問われれば、それは—— 女の趣味 も読書の趣味も、信仰心も遊び心も他人よりは格が上で、ダーティーなジョークは口にしても身の回りの衛生管理に怠りないあの 紳士 、逆境にでもなれば同情と助力をいくらでも当てにできる人徳家、起きがけに口臭を漂わせても身震いをされないはずの貴人、他人を見る目はウブでも辛辣でもない良識者——それは他でもない、この 俺さま だわいと、 遠回しにしろ 言いたがるのが普通である 。

【寸評】
* 句点は三つで、3文に切っている。

* oneself と no surprise の順番は逆転(「遠回しにしろ」は no surprise を裏から?訳したと考えました)。oneself は「自分」、「俺さま」と2度登場。なぜ2度登場させる必要があったのかはわかりません。
* 「彼・彼女」はありませんが、「女の趣味」、「紳士」、「俺さま」から察すると、oneself を男にしている!

原文の工夫を見逃し!

実は上の翻訳例ではどれも原文の工夫が見逃されています。たくさんある工夫のいくつかを取り上げて、それがどんな風に見逃され、原文の意図から外れていったか、その足跡を追ってみましょう。足跡を追っていくと、どれも語順の問題に突き当たります。

見逃しポイント1:原文全体は1文だが……

さきほど書いたように、原文はなんと1段落93語がそっくり1文でできています。にもかかわらず、

1文で訳した	0.5例
2文で訳した	2.5例
3文で訳した	1例
5文で訳した	1例

となっています。1文で書かれていることはたいして大事なこととは考えられていないようです。注釈にも書きましたが、実践例3だけは全体が1文であることを意識しているようで

す。普通なら「。」で区切るところを、不自然を覚悟で「、」で区切っているところに、うっすらと意識していることがうかがえます。そこで、実践例3を0.5例としました。

けれども、ほかの「見逃しポイント」をあわせみていくと、実は段落全体を1文で書いたことにはとても大きな意味がある……というより、それこそがこの開巻劈頭(へきとう)最大の「注目ポイント」だということがわかります。

ほかの見逃しポイントをざっと見たあとで、この点に戻って考えましょう。

見逃しポイント2：男か女か、それが問題だ……

ここでoneと呼ばれている人は男でしょうか？ 女でしょうか？ 実践例1と3はどちらともとれるように訳しています。1はoneを「人物」と呼んで男女の判断を避け、3は「あなた」として男女の区別を避けています。これは正しい判断だと思われます。そしてこれが全体を1文とした工夫と関係してくることをあとで見ていきましょう。

残りの3例はどれもoneを男と考えているようです。そのことは言葉遣いや「紳士」という形容から明らかだと思います。けれども原文を見ると、heともsheとも書いてありませんね。実は一貫してoneにしてあることにはちゃんと意味があるのです。それは作者が読者（男もいれば女もいるはず）に向かって「あなただって同じだ！ 御身大事、自分を誰よりも愛しているのだ」といっているのですね。全体を男として訳したのでは読者の半分に共感されなくなってしまいます！

と同時に、男女どちらにも使える one を使ったためにこの段落全体が少し固い言葉遣いになっています。one を使って一見客観的な一般論をはじめたかに見せて、最後の一言でどんでん返しをねらったのでしょう。だから、男として訳してしまうと、読者の半分にしか「あなたもそうでしょ！」というショックを与えられなくなるわけです。

見逃しポイント 3：二人はできている？

これは見逃しポイント 2 の延長上にある工夫ですが、作者は段落の途中で、その「世の中でただ一人のすばらしい人」が（男であれ女であれ）「愛人」であるかのように誘導しています。きわどい冗談を言い合う仲のように見せたり、朝まで床を共にしているかのように書いています。これはもちろん、愛人と思って読んだ「すばらしい人」が実は「自分自身（読者自身）」だったというどんでん返しのための工夫です。この段落を翻訳する場合は、段落の最後まで読み終わったところで、自己愛がいわば寝起きの「ねむ臭さ」のように「もわーっ」と立ちのぼる文章にしなければならないのです。

見逃しポイント 4：文体

人を表すのに one を使うような「固い文体」は、あからさまな自己愛に照れているのかもしれません。そもそも Whatever ではじまる冒頭の大風呂敷口調から隠れた皮肉を汲み取りたいところですね。そうすると、翻訳するなら固い文章を気取った軽い調子にしたい。この点で合格の実践例はあるでしょうか？　なさそうです。

そして、そのちょっと気取った印象は「love and literature」「religion and recreation」「dirty jokes and household hygiene」という言葉遊びにもあらわれています。最初の２組はそれぞれ「l」と「r」の頭韻ですね。そして最後の１組は「不潔」と「衛生」の対比がおもしろく、「h」の頭韻も使っています。けれども頭韻をそのまま「ラブと落語」とか「宗教と週末スポーツ」などとしても日本語ではおもしろくもなんともありません。それに不潔と衛生を「不潔な冗談や清潔な家庭」などとしても「不潔な冗談って？」と不思議に思われるだけで、「きわどい冗談」とは受け取られない可能性があります。翻訳では英語の言葉遊びを日本語の言葉遊びに置き換える必要があるでしょう。

ふたたび、見逃しポイント１：語順こそすべて

さてそこで最大の問題点に戻ります。要するに原文の工夫は、全体をむりやり１文にして、しかも男女もわからない堅い調子で語り、はじめに「驚くなかれ」と警告しておいて、最後の最後で世の中でいちばんすばらしい人はほかならぬ「自分自身だ」とどんでん返しを食わせる……。

ですから翻訳でも、ここはひとつなんとかoneselfを段落の最後に持ってきたいところです。途中で種明かしをしたり、最初に明かしてしまったのでは作者の苦労が水の泡です。

それでは作者の工夫４点をできるだけそのまま生かそうとした試訳を読んでください。

【試訳】

　いかに地球を隅々まで見ていようと、多くの人に会っていようと、はたまたどれほど公平な洞察力と幅広い交友関係を持っていようと、驚くなかれ、これほど魅力的な人には会ったことがないという人はいるもので、その人の趣味たるや、恋愛だろうと文学だろうとあなたと好一対、宗教についても余暇についても完全一致、下ネタの好みから家の中の散らかり具合にいたるまで相性抜群、その人の蹉跌が喚起するものは限りない同情と共感であり、起き抜けにねむ臭い息をかがされてもひそかに身震いすることもなく、その絶妙な人間観たるや冷たすぎず甘すぎもせずときては、その名を口にするのに何の遠慮もいらぬそのお方は、だれあろう、自分自身なのだ。

　さて、この試訳がどれほど成功しているかは読者に判断していただくほかないとして、さきほどの「見逃しポイント1〜4」はなんとかそれなりに見逃さずにすんだのではないかと思います。

語順の工夫はいらない！　作者の工夫を生かす

　そもそもこの原文を材料に手練れの翻訳家たちに訳させてみようという企画は、最初に書いたように原文が一つの文でできあがっているからだと思われます。5人の翻訳実践例を見る直前に引用した言葉がありました。実践例3の翻訳をした人が書いたものです。もう一度引用します。

まず語順を工夫しなければ、リーダブルな日本文にならないと知るべきである。　　　　　　　　　——資料㉑

　つまり、全体が１文であるから語順変換を工夫しなければならないということでしょう。
　上の試訳は語順を工夫していません。試訳が一応「リーダブル」だとして、そのために試訳は何をしたのかというと、原文の語順を守って翻訳したのですね。基本的には「この家はジャックが建てた」とおなじです。強く読まれる語の出現順を守ることで、作者が延々と「ひっぱって」全体を一文とし、最後の最後に「自分自身」を持ってきた、その工夫を維持したわけです。
　試訳の「語順不変換」がどんな風に行われたかを見てみましょう。

強く読むところ
　これまでの英和翻訳論をご存知の読者は、そんなやり方は聞いたことがないといって驚かれるでしょうが、「墨塗り法」では「強く読む語句」に注目します。「この家はジャックが建てた」のときのように、強く読む語句を四角で囲んでみましょう。

　[Whatever]₁ one's [experience]₂ of this [globe]₃ and its [inhabitants]₄, [however impartial]₅ one's [judgement]₆ and [varied]₇ one's [acquaintance]₈, it would be [no surprise]₉ if the [most enchanting person]₁₀ one had [yet encountered]₁₁, someone whose [tastes]₁₂ in [love and literature]₁₃, [religion and recreation]₁₄, [dirty jokes]₁₅ and [household hygiene]₁₆ [all]₁₇ lay [beyond reproach]₁₈, whose [setbacks]₁₉ were capable of [eliciting inexhaustible concern and pity]₂₀, whose [dawn halitosis]₂₁ was [the grounds for]₂₂ no quiet shudder and whose [view of humanity]₂₃ seemed [neither cruel nor naïve]₂₄ – one might [without presumption]₂₅ suggest this person to be [none other than oneself]₂₆.

　朗読するときに強く読むと思われる語句は全部で26個あります。123ページの試訳は墨塗り法によるものなので、原文と比較するとこの26個の順番はそのまま維持されていて、語順の乱れは0ということになります。この章のはじめで、英文の単語に順番をつけて、それを日本語文の語の順番とく

第4章　語順という呪縛　125

らべました。そしてその逆転した訳し方を基本英和語順変換ルールと呼んだのでした。

基本英和語順変換ルール1

英文：だれが、どうした、なにを、どこで、いつ
　　　　1　　　　2　　　　　3　　　　4　　　5

和訳文：だれが、いつ、どこで、なにを、どうした
　　　　　1　　　5　　　4　　　　3　　　　2

一方、試訳では、強く読む語の順番通りに訳してみました。

語順はどのくらい乱れているか？

とても面倒な作業なのでよほど興味のある人以外にはおすすめしませんが、すでに見た五つの翻訳実践例についてもおなじように四角で囲んだ26個の語句がどんな順番で訳されているかをたしかめてみました。

一つの語を2度訳していたり、省略したりしているので、だれがたしかめても同じ順番になるとは思えませんが、原文と試訳と翻訳実践例五つについて語順を見てみましょう。

原文
1　2　3　4　5　6　7　8　9　10　11　12　13
14　15　16　17　18　19　20　21　22　23　24　25　26

翻訳実践例1

11　10　13　14　15　16　12　17　18　19　20　21　22
23　24　26　25　9　3　4　1　2　5　6　7　8　9

翻訳実践例2

3　4　1　2　6　5　8　7　9　11　10　13　14
15　16　12　17　18　19　20　21　22　23　24　26　25

翻訳実践例3

3　4　2　1　6　5　8　7　11　10　13　14　15
16　17　18　12　19　20　21　22　23　24　26　25　9

翻訳実践例4

11　10　26　25　7　8　3　4　1　2　5　6　9
12　13　14　15　16　17　18　19　20　21　22　23　24

翻訳実践例5

3　2　1　4　7　26　5　6　8　11　10　13　12
14　18　15　16　19　20　21　22　23　24　26　9

試訳

1　2　3　4　5　6　7　8　9　10　11　12　13
14　15　16　17　18　19　20　21　22　23　24　25　26

見ているとめまいがしそうなので、グラフにしてみましょう。縦軸は原文の中で強く読むかたまりが現れる順番、横軸はそれが翻訳で現れる順番を表しています。原文の「強く読

む語句」は当然のことながらきれいに右肩上がりになっています。原文と翻訳文の順番が一致していないと、でこぼこした並び方になります。

　グラフの見方を練習するために、基本英和変換ルールをグラフにしてみましょう。

　まず、

　　英文　：　だれが、どうした、なにを、どこで、いつ
　　　　　　　　1　　　　2　　　　3　　　4　　　5

は下のようなグラフになります。

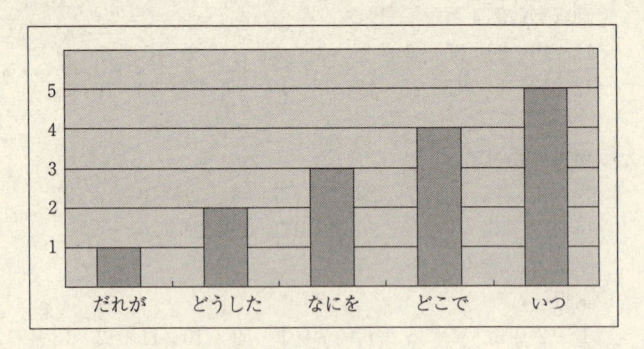

[グラフ: だれが=1, どうした=2, なにを=3, どこで=4, いつ=5]

　きれいな右肩上がりですね。
　けれども、それを英和基本語順変換で訳すと……

　　和訳文：　だれが、いつ、どこで、なにを、どうした
　　　　　　　　1　　5　　　4　　　3　　　2

は、下のようになります。

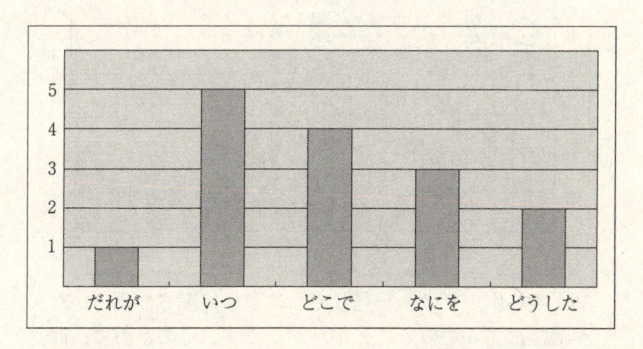

	だれが	いつ	どこで	なにを	どうした
5		■			
4			■		
3				■	
2					■
1	■				

こんな風にしてまず試訳のグラフを読んでください。

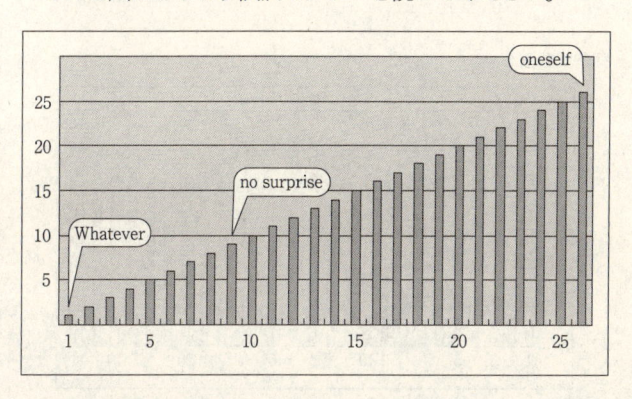

(グラフ:横軸1〜26、縦軸0〜25超、右上がりの階段状。1にWhatever、10付近にno surprise、26付近にoneself のラベル)

以下、翻訳の実践例の1番目から5番目までのグラフを並べてみましょう。

第4章 語順という呪縛　129

翻訳実践例1

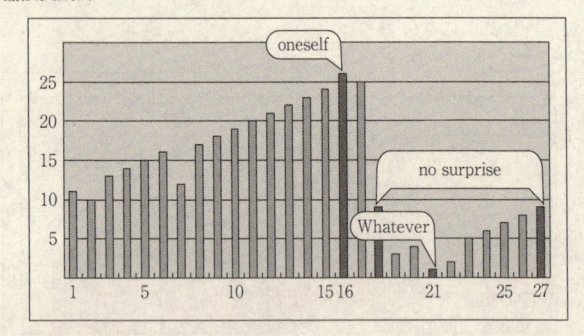

翻訳実践例1では、一見して、はじめに来るはずのかたまりが最後に並んでいることがわかります。そのために、原文では9番目に来る「驚くことではない」が最後に来ています。

翻訳実践例2

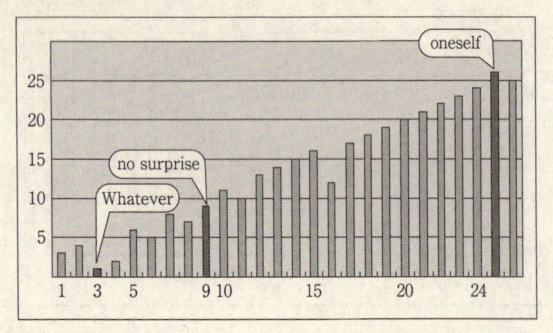

翻訳実践例2は、決めのかたまりが惜しいかな、最後から2番目になっていますね。

翻訳実践例3

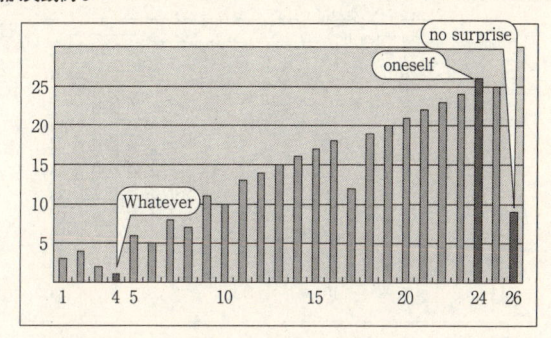

これは原文では9番目のかたまり(「驚くことではない」)が最後に来てしまっています。

翻訳実践例4

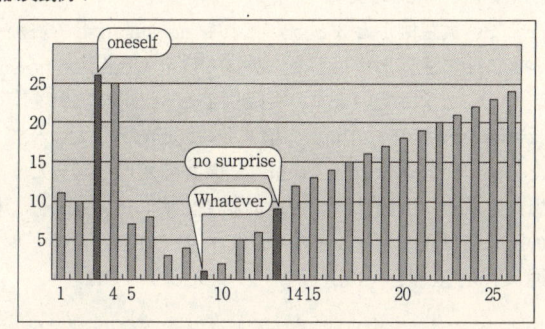

これは実践例1とは逆に、最後にくるべきかたまりが大挙してはじめに来てしまったのですね。

翻訳実践例 5

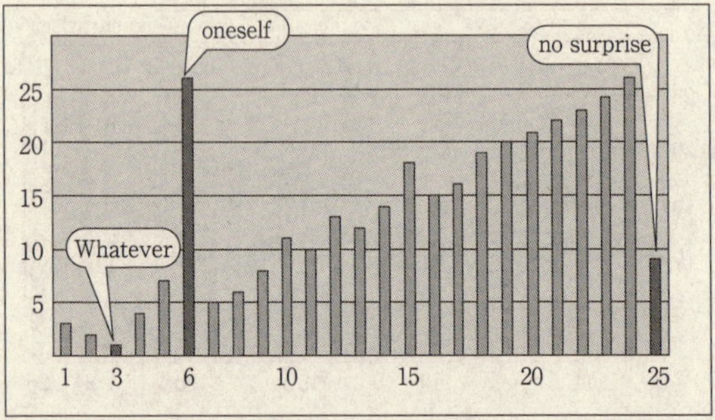

実践例 4 とおなじで、落ちがはじめの方に来てしまいました。また「驚くことではない」が最後に来ています。

It ... that ... 構文の呪い

ここで、実践例 1 と 3 と 5 がどれも no surprise で終わっていることに注目しましょう。英文では it would be no surprise if ... となっています。実践例 1 と 3 と 5 はこれを有名な「判断を表す It ... that ... 構文」の変形と考えたようです。

たしかにいわゆる It ... that ... 構文の変形と考えてよいと思いますが、問題は訳すときの語順です。It ... that ... 構文の訳し方は語順変換ルールの中でもよく知られたルールで、普通は that 以下を先に訳します。よくある例では

It is natural that you ....
あなたが……なのは当然（natural）だ。

のように訳します。

実践例1と3と5はこの変換ルールをほとんど機械的に適用してしまいました……。そのために英文ではごくはじめの方にある no surprise が最後に来ています。実践例2は英文とほぼおなじ位置に「以下のことは驚くには及ぶまい」と訳して難を逃れたかに見えますが、これはいわば「メタ翻訳」ともいうべきもの、つまり、翻訳作業に関わる言及を翻訳にはさんでしまったものなので、ルール違反というべきでしょう。そうすると、五つの実践例のすべてが It ... that ... 構文をお定まりの英文和訳で済ませたことになります。

実際にはこの It would be no surprise if は、こけおどしにすぎません。わざわざもったいぶって最後に持ってくるほどのことはないのです。いや、それどころか、「驚くほどのことではないが」という警告を最初の方に持ってこないと、「驚くことではないが、その類い希なる御仁は…………（と、引っ張って）…………（引っ張って）…………（実は）自分自身だ」ともったいぶる意味がなくなり、どんでん返しではなくなってしまいます。「驚かないでほしいが」というのはもちろん驚いてほしいときに出す警告なので、最後に出てきても出し遅れの証文のように味気なくなってしまいます。けれども、英文の最後を飾る oneself が最後に来ている訳文はありません。英文和訳のしきたり通りに訳して語順を乱したために、作家のいちばんの工夫を生かせなかった……。

五つの実践例がどれほど語順の呪縛にかかっているか、わかるのではないでしょうか？　他方、墨塗り法によって英文の順番どおりに日本語で表現していけば、作者の工夫はその

まま再現されます。原文が特にむずかしいということはないわけです。

まとめ：語順の呪縛を解くには？

資料㉑の五つの翻訳実践例はすべて学校英語に典型的な語順変換を行っています。そのために作者の意図を汲み取ることができませんでした。錚々たる英語専門家をつまずかせた語順変換がこれまで問題にされなかったのは、日本英語が基本的に「孤立した文」で英語を学習してきたからです。孤立した文を相手にしている限り、語順変換の矛盾は見えません。2文にわたって情報の受け継ぎがある場合や、1文だけれども長い文では、その矛盾は露わになります。

孤立した文で英語を学習する害は第1章以来明らかだと思われますが、日本英語は基本的に「孤立した文」の寄せ集めです。教科書の練習問題や受験参考書、英文法の参考書も孤立した文を使っています。日本英語に慣れてしまうと、2文以上でできている英文も孤立した文の羅列として理解するようになり、文から文への**論理のつながりや描写の積み重ねや感情の流れ**を気にしなくなってしまうようです。そこから非常に多くの問題が発生します。heやsheがだれのことかわからなくなったり、一人の人間をさまざまな呼び名で訳したり、時間の順序が見えにくくなったりということが当たり前になります。中でも語順変換には孤立した文の害が強く表れるようです。

そこで、語順に関する日本英語の勘違いを整理すると、次のような原因に突き当たります。

1　和訳によって英文を理解しようとした
   2　和訳の際に孤立した文を対象にしたために、基本英和語順変換の矛盾に気がつかなかった

とはいえ、日英語で語順が違っていることはまちがいなさそうです。では日英語の語順の違いを乗り越えて英文を理解するにはどうしたらいいのか？　その答えは非常に簡単です。語順変換ルールなどはなくていいのです。上の二つの勘違いを回避すればよいのです。

   1　和訳は一切せずに、英語の語順通りに内容をつかむこと

そしてそのためには、

   2　孤立した文ではなく、はじめがあり、進展があり、終わりのある物語を読むこと

に尽きます。

　では文法訳読に代わって、英語を英語のまま吸収していく方法はあるのでしょうか？　わたしの知るかぎり、日本にいて「英語を英語のまま吸収する」には多聴多読が一番有効だと思われますが、その具体的な提案は第2部に譲ります。

コラム　多読的精読とは？

　英語を日本語に訳さずに理解できるようになるには、たくさんのやさしい本や朗読を多読・多聴することがいちばんだと思われます。けれども、多読の大らかな理解に耐えられずに、「いつかは精読できるようになりたい」という人がいます。いわば多読は精読への準備期間で、最終目的は「精読」できることだと考えているのでしょう。「多読はいい加減な読み方で、いつかは精読によってすみずみまで正確に読みたい」というわけです。

　いまではそれは誤った目標だと考えていますが、わたし自身も以前は多読と精読は別物と考えて、15年前に出版した『どうして英語が使えない？』の中で、大学生には「多読＋精読＋音声面の訓練」が必要だと書きました。『どうして？』を書いた後15年経ったいま、昔ながらの精読は最終目的でもないし、学習の途中で必要なことでもないと、考えるようになりました。

　そもそも従来の精読は何をめざしたのでしょう？「正確で精密な読解」でしょうか？　正確とか精密とはどういう意味なのでしょう？　どうも「語学的に」正確かつ精密な読解という意味ではないかと思われます。かつてわたし自身が上のように「精読」と書いていたときはそういう意味で考えていたような気がします。いわば精読は「語学的理解」を深めることで英文の「100％理解」をめざしたわけです。目的はどうもなんらかの「試験」のようです。つまり入学試験で点を引かれたくない、

翻訳を世間から批判されたくない、論文に引用して解釈が間違っていると言われたくない——そういう動機から出た「正確で精密な読解」だったのではないでしょうか？　だからこそ「辞書と文法」は必須だった……。

五つの翻訳例を見ると、辞書と文法にかかわる間違いはほとんどありません。もし昔ながらの精読が語学的正確さのためだとすれば、五つの翻訳例はどれも満点です。けれども、文学作品の翻訳としてはどれも不合格です。

一方多読では、辞書は母語の読書程度にしか使いません。文法知識にいたっては母語の場合とおなじで、まったく使いません。けれども多読を続けると次第に読み取り方は正確さをまし、精密になっていき、「多読的精読」が可能になります。たくさん読み、聞くことで、英語のリズムやニュアンスや背景や引用が読み取れるようになります。つまり、英文が作る世界と物語への理解が深まります。皮肉なことに、従来の精読は理解をめざして理解に達することができず、逆に楽しみをめざした多読は豊かな楽しみとともに深い理解に到達できると思われます。

さきほどの資料㉑の例でいえば、5人の名うての翻訳者がそろってこけたのは、多読していないからだと、わたしには思われてなりません。この5人は辞書的語彙と文法知識については何も不足のない人たちでしょう。足りなかったのは、文体のこと、音遊びのことなどでしょう。つまり、正確かつ精密な読解をするにはいくら原文を分析してもだめなのですね。原文の外で（つまり実体

験、ほかの本、映画などで）たくさんの経験を積む以外に、正確で精密な読解の道はないことになります。

　わたしのこうした指摘を読んで「酒井は知ったかぶりをしている」と思う人もいるでしょう。他人の間違いを指摘してえらそうな顔をしていると……。そうではありません。わたしが指摘するようなレベルのことは、日本語を材料にしていれば、頭の良し悪しにはかかわらずだれでもすぐに納得できることです。この本で取り上げた翻訳者たちの間違いは、英語を大量に吸収していればだれでも気がつくはずです。

　大量とはどのくらいの量か？　それについては、いまはおよそ数千万語とだけ書いておきます。けれども数百万語多読した人は「精読」について次のような意見を持つようになります。

> 「ニュアンス」は多読でなくても（だったか、「精読」で、だったか）つかめる、との言葉を読み、えっと、それは、〔じつはニュアンスがつかめるわけではなく、たんに〕「"A"という言葉はこういうときに使う、"B"という言葉はこういうときに使う、と言葉で説明することができる」っていうことではないかなー、そして、「四択問題で、答を選べる」〔にすぎない〕という意味のように感じました。（www.seg.co.jp/sss/ の掲示板より。掲示板名「いづこ」さん。〔　〕はわたしが補いました）

ここで書かれている「ニュアンス」こそ、この章で引用した資料㉑の実践例に欠けていたものですね。そして、「精読」とは試験で正解できるという意味ではないかという指摘もその通りだと思われます。「いづこ」さんの場合は、数百万語吸収したところですでに多読的精読をしていたという例ですね。

　また、次のような意見も「多読的精読」がすっかり当たり前になっている人の意見だと考えられます。

> 　まぁ、「精読」が得意な人もいると思うし、そういう人はどんどんやればいいと思います。ただ、ここに日本語を勉強中の外国の人がいるとして、日本語の漫画も絵本も子どもの本もほとんど読んだことがなくて、構文分析とか訳読とかして日本語の評論を読もうとしていたら、ちょっと待ち、ちょっとそれ置いといて、1カ月ぐらい図書館とか本屋の子どもコーナーに通って、そこらじゅうの絵本とか児童書とか全部読んでみー（ついでにそこにおる子どもらとお話させてもらいー）と勧めますね。1カ月でもずいぶんと変わると思います。（www.seg.co.jp/sss/ の掲示板より。掲示板名「たかぽん」さん）

　絵本や児童書を読むこと、子どもらとお話させてもらうこと——それがさきほどの「原文の外の経験」だと思われます。評論文を辞書と文法だけで読もうとする人

たちを「書斎派」と呼ぶとすれば、わたしは『どうして英語が使えない？』で書いたように、書斎派の人たちに向かって「辞書と文法を捨てて本を読もう、映画を見よう」と呼びかけます。

第5章　決まり文句
縁の下の力持ちにスポットライトを

　英文和訳の語順については、第4章の資料㉒（100ページ）のように英和語順変換ルールに疑問を持った人がいます。けれどもこれからお話しする「決まり文句」についてはついぞ話題になったことすらありません。では些細な問題なのかというと、そうではない可能性があります。これまでの文法はもっぱら語を単位として文の成り立ちを思索してきました。ところが決まり文句の存在に気づくと、言葉の最小単位は語ではなくて文かもしれないと思えてきます。もしそうだとすれば、これは些細どころかとてつもなく大きな問題になります。英語であれ日本語であれ、言葉そのものをどう捉えるかにつながる根本的な問題提起です。少なくとも外国語獲得方法に関するかぎり、言葉の最小単位を語ではなく文と捉えると、これまでとはまったく違ったやり方が可能になります。そしてそれはすでに「多読」という形で大きな成果を挙げているかもしれないのです。

　成果のことは第2部で私見を披露するとして、その前にまず考えなければいけないことがあります。つまり、そんなに大きな問題ならば、なぜいままで話題にならなかったのか？

その原因を一言でいえば、またしても「孤立した文」の問題に行き当たります。日本英語はごく少量の英文を「正確かつ精密に」読解しようとしてきました。つまり辞書と文法に頼って、少量の英文を読んできたために、大量の英文を吸収することができませんでした。そのために「決まり文句」という「現象」があることに気づかなかったのです。英語に決まり文句がたくさんあることを認識するには決まり文句に何度も何度も出会わなければなりません。ところが孤立した文の英文和訳を中心とした日本英語では、大量の英語に触れることができません。そのために、決まり文句があることすら気づかなかった……！

では英米の辞書や文法書は問題にしているでしょうか？　いまのところ、決まり文句があることに、かすかに気づいた段階だと思われます。英米の辞書や文法書が最近まで気がつかなかった理由については、あとでもう少しくわしく説明しましょう。

いずれにせよ、現段階では決まり文句のことは、文法書にも辞書にもほとんど載っていない上、日本の英語の専門家はまったく話題にしていないくらいですから、まずは問題がどこにあるのかをゆっくり見ていきましょう。

そもそも「決まり文句」とはなんでしょう？

§1　決まり文句とは？

<u>問題1</u>　次の日本語文の（　）にあてはまる語句をA、Bの

中から選びなさい。なお、原文の□□□部分を参考
　　にしてもよい。

　公爵夫人は娘に（　　　　　）。あまり選り好みする
なんて馬鹿げています、結婚するのはあなたの義務なんで
すからね、とも言った。
　　A　何を待っているのかと訊ねた
　　B　何をぐずぐずしているのと叱った

The duchess asked her [her daughter] what she was waiting for ; it was absurd to be too difficult. It was her duty to marry.　　　　　　　　　　——資料㉗

　原文の□□□部分を実際に公爵夫人が話した言葉そのままになおすと、"What are you waiting for?" となります。これはおそらくだれでも「何を待っているの」と訳すことでしょう。それ以外には可能性が浮かばないくらいに決まり切った訳です。元の翻訳資料㉗ではＡと訳されていて、さっと読んだらだれもおかしいとは思わないでしょう。

　公爵夫人は娘に何を待っているのかと訊ねた。あまり選
り好みするなんて馬鹿げています、結婚するのはあなたの
義務なんですからね、とも言った。　　　　——資料㉗

訊ねている？　叱っている？
　けれどもよく読んでみると、Ｂの「何をぐずぐずしている

のと叱った」の方があとに続くたしなめ方とよく合うと思いませんか？　そもそも What are you waiting for? は疑問文ですが、公爵夫人は返答を期待している様子がありません。なぜかというと、これは叱るときや促すときの「決まり文句」で、相手が答えることは期待せずに発する言葉なのです。

　AとBの違いはたしかに微妙です。けれども映画でも小説でも What are you waiting for? のあとに I'm waiting for .... といった返答があるのを見ることは、まずありません。そのことからも、この決まり文句が単なる疑問文ではないことがわかります。そこで、そのまま疑問文に訳しても原文の意味は伝わりません。せめて「**一体**何を待っているというの」、「何を待っている**わけ**」というように訳さないと、険悪な雰囲気は表せないのではないかと思います。実際、このあとで公爵夫人とその娘はつかみあいの喧嘩をしたことがほのめかされます。

　People said that the duchess slapped her daughter and pulled her hair, ...
　　　　　　　　　　　　　　　　　　——資料㉗

【試訳】
　噂では公爵夫人は娘を平手でたたくわ、髪を引っ張るわ……。

　「何を待っているのかと訊ねた」という語り口からは想像もできない派手な喧嘩ですが、「あなた、愚図ね！」と叱責したあとなら想像に難くない進展といえます。

『ハムレット』の謎のセリフ

　日本英語はこれまでずっと英語の決まり文句に気づかずに来ました。その有様と原因はこれから見ていきますが、いったん決まり文句の存在に気づくと、一見普通の文だけれども実は決まり文句という例が次々と出てきます。そのほとんどは逐語訳しても話はなんとかつながりますが、表現の襞や綾は読み取れなくなります。そうした中でもとくに典型的な例を次に検討して、100年をこえる日本英語の迂闊さを見ましょう。

　わたしが英語の決まり文句の大切さに気づいたのは二つのきっかけによるものでした。一つは *Worlds Within* (Sheila Egoff 著、翻訳は偕成社『物語る力』) という本を訳していたとき、もう一つはここでくわしく紹介する『ハムレット』の翻訳を論じた文章を読んだときでした。

　最初のきっかけになった *Worlds Within* は英語児童文学史上のファンタジーを500年にわたって検討した大部な評論で、翻訳にはわたしを含めて5人が関わりました。何度となく集まって翻訳文を検討するうちに、翻訳文がうまく流れないことがよくありました。そして流れを止める一つの原因は決まり文句だと気がついたのです。決まり文句を逐語訳してしまうと、とたんに訳文がぎくしゃくしはじめて、つながりが悪くなるのでした。

　その後、次に引用する資料㉘を読んだときに、ふたたび決まり文句の問題に直面しました。資料㉘は翻訳に関する評論です。該当部分はシェイクスピアの悲劇『ハムレット』第1

幕5場に出てくる

So, uncle, there you are.

というセリフを取り上げて、3人の翻訳者をくらべています。かなり長い引用ですが、まず、資料㉘の著者が So, uncle, there you are. の二つの翻訳について問題点を指摘した部分を引用します。四角い囲みは酒井がつけました。
　まず最初の段落で小津次郎訳『ハムレット』を引用しています。

　　悪党め、悪党め、微笑を浮べたいまわしい悪党め！おれの手帳は〔手帳を取り出す〕——こいつは書きとめておかねばならん、人は微笑を浮べてしかも悪党たりうる、と。少なくともデンマークではそうだ。叔父さん、これであんたの分はすんだ。今度はおれのほうだが、そいつは「さらば、さらば、忘れるなよ、わしを」といこう。さあ、誓いを立てたぞ。

　これは『ハムレット』の第一幕で王子ハムレットが死んだ父王の亡霊から父王が弟すなわちハムレットの叔父クローディアスに毒殺されたと聞かされた直後のハムレットの独白である。
　訳者は小津次郎。これに対して次に掲げるのは福田恆存訳である。

> それに、ああ、あの悪党、悪党め、微笑をたたえて、ええい大悪党！　手帳にはっきり書きとめておいてやる（手帳に書きこむ）。微笑して、微笑をたたえながら、しかも悪党たりうる、このデンマークでは、どうやらそんなことが出来るらしい……やい、クローディアス、もう逃れられぬぞ。さあ、わが身の守りことばだ、「父を忘れるな、父の頼みを」……
>
> 問題なのは後半の始め、福田訳では「やい、クローディアス、もう逃れられぬぞ」と訳されている部分が小津訳だと「叔父さん、これであんたの分はすんだ」となっていることである。はっきり言うと「あんたの分はすんだ」とはどういうことなのか、「あんたについてはもう全部、手帳に書きこんだ」という意味なのではないだろうか、と読者としては推測するよりほかない。そこへゆくと、福田訳の「やい、クローディアス、もう逃れられぬぞ」は一点の疑問ものこさぬ明快な訳し方である。　　　　　——資料㉘

資料㉘はこうして So, uncle, there you are. の訳し方を話題にした上でもう一人を引き合いに出します。

> ……三つ目として小田島雄志訳を紹介すると、問題の部分は小津訳と同様で「これが貴様への言葉だ、クロディアス」となっている。　　　　　——資料㉘

さて、there you are. の訳としては「もう逃れられぬぞ」

第5章　決まり文句　147

が正しいのか？　それとも「あんたの分はすんだ」がふさわしいのか？　はたまた「これが貴様への言葉だ」が適切なのか？　この3例を含めて、ほかにもいくつかの翻訳を新しい訳から昔の訳へと、さかのぼってみましょう。

　貴様のことだよ、叔父上さま。　　　（1996年、松岡和子訳）

　これが貴様への言葉だ、クロディアス。　　（小田島雄志訳）

　叔父さん、これであんたの分はすんだ。　　（小津次郎訳）

　やい、クローディアス、もう逃れられぬぞ。（福田恆存訳）

　そりゃ、叔父さん、お前のことを書いて置いたぞ。
　　　　　　　　　　　　（1957年、市川三喜、松浦嘉一訳）

　こうして並べてみると、どれも So, uncle, there you are. の5語にくらべてひどく長くなっています。おそらくどの訳者も there you are. の役割がもう一息つかめずに苦労したのだと思われます。
　しかし、役割がつかみにくいのは無理もないと、資料㉘は言います。

> いずれが正しい訳し方であるかについて判断をくだすことは there you are という表現の曖昧さゆえに難しく、水掛け論になりやすい……
> 　　　　　　　　　　　　　　　　　　　　——資料㉘

There you are. はそもそも曖昧な表現なので、どれが「正しい訳し方」なのか、判断がむずかしいというのです。

そら見たことか！

果たしてそうでしょうか？　実はたくさんの英語に触れていれば、There you are. は別に曖昧な表現ではないことはわかるはずです。There you are. の使われる状況がわかってくれば、内容を忖度して長い訳にする必要はないのです。代表的な意味は「ざまあみろ」、「どうだ！」、「ほらご覧」、「文句あるか！」など、そして大昔のこどもの言葉でいえば「ざまあ、かんかん！」、最近のこどもの言葉でいえば「やりぃ！」でもいいでしょう。どれでも There you are. と長さはほぼ変わりません。ハムレットの人柄、そのときの心情、状況などを考慮してどれかを選べば、すっきり、明快に、ハムレットの気持ちを表現できるはずです。水掛け論にはなりようがない……。

先ほど年代順に並べた翻訳は、どれも There you are. が日常的に使われる決まり文句だということを知らずに訳したのだと思われます。責めているわけではありません。訳者たちの年齢や育った環境では日常英語に触れる機会がほとんどなかったでしょう。知らなかったことは無理ないと思います。その上当時は英語は辞書を引きながら読むものと決まっていましたから、いよいよ触れる量は少なかったことでしょう。けれども日本英語全体が 100 年以上も気づかなかった過ちはそろそろ是正されていいのではないでしょうか？　いや、一

人だけ気づいていた人がいます。

１世紀前の見事な訳！

　日本英語は決まり文句に注意を払ってこなかったために、ごく簡単な There you are. に、余計な内容を読み込んできました。福田訳以外のほとんどの訳は There you are. のあとに続く部分から恐る恐る類推して訳文を作っているようです。ただ一つ福田訳だけはその生ぬるさに我慢できなかったのでしょう。思い切って「もう逃れられぬぞ」と跳んでみたものの、着地点は泥沼でした。

　こうした Nice try. (「がんばったけれど結果はよくなかった」ときに慰める決まり文句です) な翻訳例を見て、「では坪内逍遙訳はどうなっているのか？」と知りたく思う読者もいることでしょう。坪内はおよそ 100 年前にシェイクスピアの最初期の邦訳をした人として有名です。実は調べた中で坪内逍遙訳だけはすっきりと明快な訳になっているのです。

　どうぢや叔父貴、まつ此通り。

　見事なものです。とくに坪内よりあとのもやもやした訳を見たあとでは、これこそ「一服の清涼剤」(今のミント？) を嚙んだようにすっきりしました。

　100 年も前にあたる明治時代の坪内逍遙はなぜ現代の翻訳者にくらべてたしかな知識を持っていたのでしょう。理由はつまびらかにしません。けれども、現代の錚々たる翻訳者が

軒並み決まり文句に気づいていない原因は想像がつきます。

　第2節からは現代の翻訳を参考に、いままで日本英語が見逃してきた「決まり文句」の存在をさらに確認し、かつ見逃されてきた原因を意味と形の両面から考えましょう。そこから日本英語だけでなく言葉そのものについて、見方をすっかり変えかねないヒントが現れるはずです。

§2　100年以上気づかれなかった理由1 ── 意味

　いままで無視されてきたにもかかわらず、決まり文句は厳として存在します。その存在は、無視されてきた原因を探る中でさらに明らかになるはずです。では、なぜ見逃されてきたのか、その原因はおそらく二つあると考えられます。

1　**意味が微妙**：決まり文句と知らずに逐語訳してもある程度通じてしまう。
2　**形が一定しない**：さまざまな形があり、一つの決まり文句と認識しにくい。

　§2では1番目の原因を明らかにしつつ、決まり文句という新しい見方をはっきりさせ、次の節で、2番目の原因を探ります。

熟語との対比

　これまでまったく日陰の身だった決まり文句一族ですが、親戚筋にはきわめて羽振りのよい熟語という一族があります。

熟語一族は飛ぶ鳥落とす勢いで、日本英語では文法や語彙と肩を並べて舞台中央に立ち、常にスポットライトを浴びてきました。他方、決まり文句の地味なこと！　袖から舞台の賑わいを眺めているばかりで、観客からは見えていません。いや、観客どころか演出家にも気づかれていないとすると、袖にさえいないのかもしれません。

　気づかれていないという意味では英語劇場のどこにもいないかのようですが、わたしは決まり文句は文法や語彙や熟語が乗っている舞台そのものと同じ大事な役割を果たしていると考えています。ここでは意味の面から、親戚筋の熟語を引き合いに、決まり文句の日陰の境遇を見ていきましょう。

直訳でもなんとなく通じる……

　kick the bucket という有名な熟語があります。これはもちろん「バケツを蹴る」という意味ではありません。「バケツを蹴る」では前後の話が通じないので、この句を耳にする人も目にする人もすぐに奇妙な表現だと気づきます。そして「死ぬ」を冗談気味に表現した言い方だとわかり、「おかしな表現だ」と意識します。

　ところが、決まり文句はあくまで控えめです。熟語のように存在を主張しません。熟語のようにとんでもない意味にはなりません。What are you waiting for? がそうだったように、逐語訳してもある程度は話が通じてしまいます。気づかれにくいのも道理です。いわば言葉の縁の下を支える力持ちです。

　次の問題をやってみてください。問題１と同じように二つ

の訳から選んでもらいますが、「実際のところどちらでもいいんじゃない？」と言われそうです。

問題2 次の日本語文の（　）にあてはまる語句を選びなさい。なお、原文の◻︎部分を参考にしてもよい。

「……だから構造主義について話してくれたまえ。」
アンジェリカは、ぐっと深く息を吸い込み、それから不意に吐き出した。「何から話していいのやら、よくわからないわ。」そのとき、レクチャー・ルームに戻るようにという合図のベルが鳴った。（　　1　　）とアンジェリカは言って笑った。
「なら、あとで」とパースは、なおも喰い下がった。（　　2　　）とアンジェリカは言った。
学会参加者たちは午前中の二度目の研究発表を聞くため足をひきずってレクチャー・ルームに戻りながら……
　　　　　　　　　　　　　　　　　　——資料①

1　A「ベルに救われたわ！」
　　B「ゴングに救われたわね」

2　A「まあ、なんとかやってみるわ」
　　B「時間があったらね」

"... So tell me about structuralism."
Angelica took a deep breath, then expelled it abruptly. "It's hard to know where to start," she said. A bell

第5章　決まり文句　153

sounded to summon them back to the lecture room.
"Saved by the bell!" she laughed.
"Later, then," Persse urged.
"I'll see what I can do," said Angelica.　——資料②

解答：やる気はある？　ない？

　1のA、Bは「ベル」と「ゴング」の違いだけですね。でも「ベルに救われたわ」ではわからない意味合いが、ボクシングを思わせる「ゴングに救われた」ならすぐにわかるのではないでしょうか？　この場合のように（構造主義を一言で説明しなければならないなどという）窮地に陥って困っているところで思いがけないことが起こって助かったときによく使う決まり文句です。

　2のA、Bは字面がだいぶ違います。「まあ、なんとかやってみるわ」は原文の I'll see what I can. のとても上手な訳のように見えます。けれども「なんとかやってみるわ」と訳すと、「やる気がある」と、半分くらいは期待しませんか？実はこの決まり文句は「（半分以上）やる気のない」ときに使われることが多いので、「時間があったらね」の方がおそらくその及び腰の含みをよく伝えられると思われます。

　AでもBでもたいして違わないという声が聞こえてきそうです。その通りです。「なんとかやってみるわ」と訳しても、別に「文法」をまちがえているわけではないし、単語の意味を取り違えているわけでもありません。話は通じているといえないこともありません。この違いが大事だということを納得するにはもうすこし例が必要でしょう。

こどもの決まり文句の怖さ

次の例も I'll see what I can do. が使われていますが、もう少し違いが大きくなります。実行する気のない「口約束」を聞かされた人物が「はっきりした約束」をほしいと迫るからです。「口約束」と「はっきりした約束」の違いを訳しわけなければ、やりとりの焦点がぼけてしまいます。

ところがこちらの翻訳も「なんとかやってみる」という訳がついています。下の日本語訳を最初に読んでみてください。別にわかりにくいとか、引っかかるという翻訳ではありませんね。「決まり文句」のことを知らなければ、すうっと読み過ごしてしまう文章です。まさに決まり文句の気づかれにくさを体現した文章です。

この場面では Benton という元 FBI 心理分析官が服役中の連続殺人犯に質問をしています。殺人犯の Basil は Benton の研究材料になる見返りとして、外部との郵便連絡を許可してもらおうと考えています。そこで、Christmas Shop というところで殺人をしたと新たにほのめかします。Benton は Basil が嘘の告白をしてご褒美をもらおうとしている可能性を考えて、「郵便の件は？」という要求に対して、答えをはぐらかそうとします。そこで使われているのが、「なんとかしてみるよ」（I'll see what I can do.）です（いまは英文を読む必要はありません。参考用です）。

「話してくれないか？」ベントンは答えたが、ベイジルが何のことをいっているのかわからない。クリスマスショ

ップという店での殺人のことは、記憶になかった。
「郵便の件は？」
「 なんとかしてみるよ 」
「 絶対に？ 」
「やってみよう」
——資料㉙

"Why don't you tell me about it," Benton replies, and he doesn't know what Basil means. He isn't familiar with a murder that occurred in a Christmas Shop.
"What about my mail?"
" I'll see what I can do. "
" Cross your heart and hope to die? "
"I'll look into it."
——資料㉚

I'll see what I can do. は、はぐらかすための決まり文句です。心理捜査官 Benton にこの決まり文句をいわれた殺人犯が納得しないのは無理ありません。もっとはっきり郵便を許可すると言ってほしいので、Cross my heart and hope to die. と言えるかと迫ります。

Cross your heart 云々は「指切りげんまん、嘘ついたら針千本……」に似た決まり文句です。つまり、もっと強い約束をと迫ったわけです。そこで Benton は仕方なく、もっとはっきりした約束、つまり「(郵便許可について) わかった」といいます。Basil はこの答えでやっと言質を得たと感じて、少しずつ Christmas Shop での殺人について告白をはじめるのです。

決まり文句の微妙さを翻訳すると……

　資料㉙の「なんとかしてみるよ」はもう少し弱めて、「考えてみるよ」、あるいは「時間があったら」といった「はぐらかし表現」がいいかもしれません。また二つめの枠の中は、「絶対に？」でもいいのですが、原文がこどもの使う決まり文句だというところを生かして、「指切りげんまん？」と訳したいところです。そうすれば、連続殺人犯が幼い子の物言いをする恐ろしさが伝えられそうです。また最後の「やってみよう」を「わかった」という踏み込んだ答えにすれば、殺人犯が告白をはじめるのに十分だと思われます。

　たとえばちょっと説明的ですが、次のように訳せばその辺がはっきり出てくるかもしれません。

【試訳】

　「そこ、くわしく聞きたいな」と答えたものの、ベントンにはなんのことかわからない。クリスマス・ショップという店で起きた殺人には心当たりがない……。
　「その前に郵便のことなんとかしてくれる？」
　「考えておこう」
　「いのち、かけるか？　100万ドル、かけるか？」
　「わかった」

決まり文句の不遇さ、日本英語の呑気さ

　I'll see what I can do. の例を二つ見てきました。どちらも、決まり文句と知らずに直訳してもなんとか話はつながっ

ていきます。決まり文句がこれまで不遇だった原因は上の例のように「なんとかやってみるわ」、「なんとかしてみよう」という訳でも話がつながってしまうことにあります。これまで日本英語はそこまでの理解ですませてきました。

けれども、読書を楽しむには筋がわかるだけでは足りません。出だしのペース、情景描写の味わいや意味、人物の登場の仕方、言葉遣いの妙、会話を包む雰囲気、言葉の裏の心理や駆け引き、古典やコマーシャルからの引用やひねりなどがつぶさにわかった方が楽しめるはずです。そこまで読むことを精読というべきでしょう。これまで言われてきた「精読」は「語学的に精密に読む」というだけのことで、「楽しむ、味わう、裏を読む」といった味読を意味する「精読」ではありませんでした。

日本英語は「語学的精読」にのみかかずらって、英語が「どう表現しているか」には関心がありませんでした。a や the が表す情報の関連を無視して語順を乱し、英語の時制の厳しさをあやふやにしたり、he や she を訳したりして、原文の明快さを曇らせてきました。

決まり文句にいたっては無視どころか、存在すら気づきませんでした。日本英語は決まり文句やニュアンス、一つ一つの言葉の選ばれた意味、ひねり、おかしみといった、言葉のいちばんおいしいところを捨てて、骨ばかりをかじろうとがんばってきたといえます。前の章で見た五つの「翻訳実践例」はそうしたおいしいところを捨てた好例といえるでしょう。

では、ほかにもこれまで「捨てられてきた旨味」はあるのでしょうか。あとでくわしく書きますが、決まり文句は数限

りなくあります。紙幅の許すかぎりたくさん並べて、これまで見失ってきた「生きた言葉の豊かさ」を垣間見ましょう。

What's the matter with you? の誤り

　読者の中には「これは知ってる。「どうしたの？」という決まり文句だ」と考える人がいるかもしれません。ところが、「どうしたの？」はまちがいだと言い切っていいと思われます。こんな風に言い切るとたちまち「英和辞典を見ろ」という反論が出てくるかもしれません。たしかに、

『ランダムハウス英和大辞典』2版：「どうしたんですか」
『研究社大英和』6版：「どうしたのか（不平・苦痛・不　　幸などを尋ねる場合）」

となっています。大英和辞典と呼ばれる権威がこんな風に「どうしたのか」と訳していると、だれもがそれで正しいはずと考えるのは無理もありません。これまでの学校英語でもそう訳されてきたと思います。

　実際にはこの決まり文句は「尋ねる」ときの決まり文句ではありません。相手の気持ち、状況に気を遣う余裕などなく、「けんか腰に出る」ときに使われます。そうすると What's the matter with you? は

「なんだっていうんだよ！」
「どうかしてるぞ」
「頭おかしいんじゃないのか？」

第5章　決まり文句

「バカいうんじゃないよ」

といった役割であって、What are you waiting for? と同じように、答えは求めていないと考えた方がよさそうです。尋ねているわけではない。むしろ喧嘩を売っているのですね。

What's the matter? とどう違う？

ところが、この決まり文句の場合も逐語訳でなんとか通じてしまいます。では What's the matter? はどうでしょう。実際たいていの辞書ではこの二つの意味は違わないと考えているようです。そこで、What's the matter with you? も What's the matter? も「どうしましたか？」と訳すことになります。たいした違いはないのでしょうか？

そんなことはありません。二つはたしかに形が違います。形がちがえば意味（役割）もちがうのかという問題は大きな問題です。まだ答えは見つかっていないと思われますが、この実例を見るとたしかに違います。

たとえば米国の作家スコット・フィッツジェラルドの小説『グレート・ギャツビー』には What's the matter? が4例、What's the matter anyhow? が1例、What's the matter with you? が1例出てきます。枠の中だけ見てください。

"What's the matter, Daisy?"
I was scared, I can tell you; I'd never seen a girl like that before.

* * *

"What's the matter?"

"This is a terrible mistake," he said, shaking his head from side to side, "a terrible, terrible mistake."

* * *

"Come on!" His temper cracked a little. "What's the matter, anyhow?..."

* * *

"What's the matter?"

"I'm all run down."

* * *

"What's the matter, Nick? Do you object to shaking hands with me?"

"Yes. You know what I think of you."

"You're crazy, Nick," he said quickly. "Crazy as hell. I don't know what's the matter with you." ——資料㉛

枠で囲んだ1番目、2番目、4番目、5番目は with you のついていない What's the mater? で、純粋に「どうしたのか?」と体や気分を心配しています。次に挙げる資料㉜でも資料㉝でもこの4例は気遣う気持ちをそのまま訳しています。3番目は anyhow がついて、けんか腰までは行かないものの少しイライラした気持ちを表しています。問題は最後の、with you がついた例です。with you がついていることで、「どうかしてるんじゃないのか」と非難しているはずですが、資料㉜と資料㉝では訳の意味するところが異なっています。

資料㉜では、

「いったいどうしたのか、おれにはさっぱりわからん」

と訳されていて、決まり文句としてとらえていないようですが、資料㉝では、

「まともじゃないぜ」

と非難する決まり文句として訳されています（ただし I don't know と最初につけたことで、ぎりぎりのところでけんか腰にはなっていないのですね）。

もちろん with you がついていても怒りではなく、本当に相手の不調を尋ねている場合もあります。とはいえ with you がついている場合の圧倒的多数は「けんか腰」だと思われます。この意味の違いはまたしても些細な部類にはいるかもしれません。

けれども日本英語は、そろそろそうした意味合いやニュアンスといった細部まで問題にしていいところにさしかかっているのではないでしょうか？　この発展は映画やインターネットや洋書の値段が安くなったこと、また外国との交流が盛んになったことで可能になったものであり、時代の産物といえるでしょう。

matter つながりで──for that matter

§1で、わずか3語の There you are. という決まり文句が坪内逍遙訳以外ではひどく長い訳文になっていることを書き

ました。for that matter もわずか3語ですが、訳すととかく長くなりがちです。

> ……けれどもしかし、そ̇れ̇は̇もはやあなたが初めに口にしたそ̇れ̇とは違うのです。そして その点になれば 、あなたは、そのメッセージを最初口にしたあ̇な̇た̇ではもはやないのです。
> ——資料①

> ...; but then the it is no longer the it that you started with. And for that matter , you are not the you that you started with....
> ——資料②

長いことも長いし、「その点になれば」では一体なんのことかわかりませんね。第一「その点」とはどの点なのでしょう？ 翻訳をいくら眺めていてもどの点なのかはわかりません。また、原文を見てもわかりません。

となると、「その点になれば」という訳自体が何か大きくはずしているのだと考えられます。英和辞典を見てみましょう。

『ランダムハウス英和大辞典』2版：「その事なら、その事では、それについては」
『研究社大英和』6版：「その事では、それについては；実際［そう言えば］また」
『ジーニアス大英和辞典』：「そのことなら（もっとはっきり言うと）、（それについて）さらに詳しくいえば」

第5章 決まり文句

『ランダムハウス英和大辞典』も『研究社大英和』も『ジーニアス大英和』も、訳語は意味不明です。意味は「もっとはっきり言うと」がいちばんましですが、少々長すぎます（決まり文句は長々しい説明訳になる傾向があります）。

では日本語の決まり文句で「そもそも」と訳したらどうでしょう？

【試訳】
でもね、今の「そいつ」は最初に口にした「そいつ」とはもうちがうでしょ。そもそも「あなた」だって最初に話しはじめたときの「あなた」じゃないわけで。

「そもそも」の代わりに「もっといえば」でも、「それをいうなら」、「そんなこといったら」でもいいかもしれません。どれにするかはこの場面のやりとりをどう表現するかで決まるはずですが、ここでは短さといかにも決まり文句らしいという理由で、「そもそも」としました。

「会得しにくい句」？

for that matter という決まり文句の「難しさ」については資料㉞に次のような指摘もあります（　　　　はわたしがつけました）。

… It has been long recognized that every man alive – or who ever lived for that matter – is culture-bound. …

【注解】

or who ever lived for that matter：「あるいは、そういうことなら、過去において生きていた人もみんな含めて」for that matter は、会得しにくい句であるが、この場合であると、すでに述べた表現、すなわち、every man alive (is culture-bound) が、別の場面、すなわち、every man who ever lived にも等しく当てはまるのだが、ということを強調するために用いられている。したがって、「そういうことなら」、「それについてさらに言うなら」、「それに関する限り」など、文脈によって、様々に訳すことができる。

【訳例】
……現在生きている人は、すべて、── ということなら 、過去において生きていた人も同断であるが──文化に縛られているということは、以前から認められていた。

──資料㉞

この訳文で一応その場はしのいでいるように読めたら、英文和訳に慣れすぎているかもしれません。翻訳ものを読む達人ならばこの訳文に顔色一つ変えず、「翻訳というのはどれも隔靴掻痒なものだ。読みやすい翻訳など読む意味がない。頭をひねって筋をみつけるところが醍醐味なのだ」とのたまうかもしれません。けれども上の「ということなら」は筋が見つかるでしょうか？　どう考えてもあやふやです。「どう

第5章　決まり文句　165

いうことなら」なのか、さらになにが「同断」なのか判然としません。

　この「注解」はわたしが for that matter について読んだ説明のうちでいちばん長いものですが、いくら読んでも、訳文の「ということなら」の説明にはなっていないように思われます。おそらく「ということなら」と訳すことが不適切なのでしょう。にもかかわらず注解が長いのは、書いた人自身が for that matter を会得していないことの苦しい言い訳のようにわたしには見えます。

　for that matter とそれが使われる状況（これまで「文脈」と言われたもの）を会得していないために、上の二つの資料はともにこれまでの日本英語の手法に頼りました。つまり、一つ一つの語に分解して、それぞれの訳語を考え、最後にそれを足しあわせています。つまり、for の意味を考え、that の意味を考え、matter の意味を考えて三つをつぎたしたのでしょう。その結果、「ということなら」や「その点になれば」といった意味不明の訳ができあがりました。大量の英語に触れていれば、for that matter が決まり文句であることを意識できたことでしょう。そして、日本語の決まり文句であっさり訳せたはずです。たとえば……

【試訳】
昔から知られているとおり、現在生きている人はすべて、いや そもそも 過去生きていた人もすべて、文化に縛られている。

ずいぶん読みやすくなったと思いませんか？　決まり文句の役割は微妙で、逐語訳との違いがわかりにくいものです。for that matter の場合は逐語訳がどうもうまく当てはまりません。英語の決まり文句を日本語の決まり文句で訳すとすっきりする好例といえるでしょう。

英英辞典もあてにならない……

　決まり文句の意味合いは、熟語のように派手ではありません。元の意味に淡い色が加わるだけという場合もあります。日本語でいえば、さきほどの「何を待っているの？」と「何を待っているわけ？」程度の違いです。明治以来の日本英語は「正しいか、間違っているか」という「語学的正確さ」に気を取られて、微妙な意味合いを感じとることはできませんでした（坪内逍遥はごくまれな人のようです）。そこで日本の英語専門家も英和辞典も、決まり文句に気づいていないわけです。

　では英英辞典はどうなのでしょう？　英和辞典が英英辞典からたくさんのものを借りているのはよく知られていることです。微妙なニュアンスもわかるはずの「英語人」が作った英英辞典を参考にしていれば英和辞典も決まり文句に気づいていて当然ではないでしょうか？

　ところがこの章のはじめに書いたように、英英辞典もほとんど気づいていないのです。英語をまるで水や空気のように感じている「英語人」にとっては、決まり文句は色合いが淡すぎて注目できなかったのでしょうか？

　日本語の例で説明しましょう。日本語母語話者であれば、

「腰が重い」や「口が軽い」くらいまでは「熟語」として意識できます。けれども、こどもがよくいう「いうと思った！」や、おとなもいう「いつもそれなんだから」などは決まり文句と意識していないのではありませんか？「いうと思った」や「いつもそれなんだから」がどんな場面でどういう役割を果たすか（実際上の使い方、英語では pragmatic use といいます）は、日本語母語話者ならすぐわかります。ところがすぐにわかるだけに、決まり文句とは認識されにくく、国語辞典を見ても、こうした決まり文句は取り上げられていません。

英英辞典でもつい最近までほとんど注目されていませんでした。おそらく世界ではじめて決まり文句に注目したのは、*COBUILD* 英語辞典ですが、初版ではなく、1995年の第2版でやっと少しだけ気づきはじめた段階です。

「少し」と書いた理由はまだまだ非常に不徹底だからです。たとえば *COBUILD* 英語辞典第2版は、What's the matter? を決まり文句（pragmatics〈実際上の使い方〉という表示があります）として認定していますが、それよりはるかに色合いのはっきりした What's the matter with you? は決まり文句として認定されていないのです。

けれども気づかれにくい理由は意味合いが微妙だからというだけではありません。形もまた、実に気づかれにくいのです。

§3 100年以上気づかれなかった理由2 ——形

　少しだけとはいえ、どうして最近になって英英辞典は注目するようになったのか？　それはコーパスと呼ばれる巨大データベースが登場したからです。COBUILD 英語辞典は何億語もの英文を集めたデータベース（コーパス）をもとに編集されています。このデータベースを使うと、様々な英文資料の中から特定の語（たとえば matter）を使った行を呼び出して、注目したい語を中心にずらっと整列表示させることができます。こんな風です。

　　　　"What's the **matter**, Daisy?"
　　　　"What's the **matter**?"
　　　　"What's the **matter** anyhow?
　　　　"What's the **matter**, Nick?
　　I don't know what's the **matter** with you.

これにより、英文資料の中に

　　… what's the matter …

というつながりがたくさんあることがわかります。
　COBUILD の編集主幹 John Sinclair は第2版のまえがきでこう書いています。

| … we only notice them (pragmatic use) when we see

many examples of them gathered together.

【試訳】
……決まり文句（実際上の使い方）の存在にようやく気づいたのは、使用例がたくさんそろって並んでいたためである。

すなわち母語話者（ネイティブ・スピーカー）の英語学者も巨大コーパスの力を借りなければ役割の大きさを認識できなかったわけです。

COBUILD 英語辞典で決まり文句とされている表現の数は、わたしの予想する決まり文句の数にくらべると氷山の一角に振ってきた雪片一つくらいのように思われます。わたしが認識する決まり文句の数と、*COBUILD* が認識する数の違いが生まれるのは、前節の終わりに書いたように、決まり文句は母語話者には気づかれにくく、わたしのように英語が母語ではない者には気づきやすいからでしょう。それは日本語を学ぶ外国人が「言うと思った」という文を見て、「言う」も「思う」も知っているのに、「言うと思った」の役割は見当がつかないのに似ているでしょう。母語話者ではないからこそ「引っかかる」わけです。

決まり文句は変幻自在！

けれどもそれ以外にも、巨大コーパスを使っても氷山の一角しか捉えられない大きな理由があります。決まり文句はその名に反して、形をどんどん変えるのです。コーパスは全文

データベースから形のおなじ英文を呼び出すことができますが、決まり文句には変種が多すぎてきれいに並ばないのです。そこで、コーパスをいくらにらんでいても、決まり文句に気づきにくいというわけです。

　つまり熟語と決まり文句では形の上でも大きなちがいがあるのです。

　＊熟語——ほとんどの場合、形は一定、単語もほぼ一定。
　＊決まり文句——ほとんどの場合、形も変われば、単語も入れ替えがきく。

　たとえば「死ぬ」ことを少し軽く表現した kick the bucket の場合はこの形しかなく、

　kick bucket<u>s</u>
　kick <u>a</u> bucket
　kick <u>the</u> bucket<u>s</u>

といった変化形や、

　kick the <u>pail</u>
　kick the <u>vat</u>
　kick the <u>pot</u>
　kick the <u>chair</u>

　<u>foot</u> the bucket

<u>toe</u> the bucket
<u>elbow</u> the bucket
<u>remove</u> the bucket <u>with one's foot</u>

といった単語の入れ替えはないのです。つまり熟語は普通いつもぴったりおなじ（つまり熟した？）形で現れるので、注目されやすいわけです。そこで、英英辞典でも英和辞典でも注目されています。

巨大コーパスによっても、とらえにくい例

英英辞典がほんのわずかな決まり文句しか「認定」していないのは、まさに決まり文句の変幻自在な性質によると考えられます。John Sinclair が言うように、形がきっちり一定なものはコーパスを使って発見することが可能です。コーパスに「形の揃ったものを表示せよ」と命令を出せば同じ形がずらっと並ぶので、見つけやすいのです。

ところが決まり文句は出てくるたびに姿かたちが変わることが少なくありません。たとえば Everything will be all right. は普通「大丈夫だよ」と訳される決まり文句ですが、よく目にするものだけで次のような変わり型があります。

$$\begin{Bmatrix} \text{All} \\ \text{Everything} \\ \text{You} \\ \text{We} \end{Bmatrix} \begin{Bmatrix} \text{will be} \\ \text{is / are going to be} \\ \text{is / are} \end{Bmatrix} \begin{Bmatrix} \text{all right.} \\ \text{O.K.} \\ \text{fine.} \end{Bmatrix}$$

これだけで変種の数は36通り！ それにO.K.をOkayなどとしたり、fineをjust fineとした例などを加えると一体何通りになるのか？ 英文コーパスを検索してもこうした「決まり文句」がうまく揃って出てきて、決まり文句と認識されるのはむずかしいのではないかと思われます。

決まり切った場面で決まり切ったセリフ

Everything will be all right. が、こんなにたくさんの形を取るとすると、「決まり文句といえるのだろうか？ ごく普通の表現ではないのか？ わざわざ分類する必要はあるのか？」という疑問が出てきそうです。決まり文句の定義をまだわたしは見つけていませんが、作業仮説はあります。それは

「決まり文句」とは、特定の場面と結びついてよく使われる表現である

というものです。たとえばこどもが親に何か注意された場面で「言うと思った」「やっぱり言った」とか、何かというと仕事だと言って家族との外出を避ける夫に「いつもそうなんだから」「またそれね」と言う場面です。

形は変幻自在ですが、使われる場面を見ていくと共通点があり、むしろ場面の方から決まり文句として分類できることがわかります。変幻自在な変装ぶりを見ながら、場面と結びついた決まり文句を見ていきましょう。

ちっとも大丈夫じゃない場面

　たとえば小説や映画で Everything will be all right. という「決まり文句」およびその仲間が使われるのは、たいてい特殊な状況です。その状況とは「もうダメにちがいない、もう死んでしまう」という緊迫した場面です。

　実例を小説から紹介しましょう（ほかにもいくらでもそうした例はありますが、映画にはとくに多いので、ちょっと注意して聞いていれば〈英語字幕で確認するのもよい！〉たくさん見つかります）。次の引用で最初に出てくる xxx という男は銃で撃たれて瀕死の状況にいます。女性の yyy が助けに来たようですが、その姿さえ視界が暗くなってぼやけてきます（「ネタばれ」になるので出典は省略します）。

>　Things went out of focus for <u>xxx</u> then. He wanted to ask a question but couldn't form the words. There was another light in the tunnel and he thought he heard a voice, a woman's voice, telling him everything was okay. Then he thought he saw <u>yyy</u>'s face, floating in and out of focus.
>
>　And then it sank away into inky blackness. That blackness was finally all he saw.

　次第に意識を失っていく xxx に、その場に現れた yyy が "Everything is okay." と語りかけます。この決まり文句はほとんど常に「もうダメだ」という場面で使われるので、緊張感が増すというわけです（もっとも小説や映画ではたいて

い助かるのですが)。したがって、さまざまな形をとりますが、いずれも危機的状況で使われ、しかも助ける手立てが見つかっていないという点は同じです。Everything will be all right. の変形は決まり文句と認定してよさそうです。ぜひ、映画や小説でたしかめてください。

> **コラム 「決まり文句」の定義——場面との結びつき**
>
> 　決まり文句は言語学がまだ十分に気づいていない分野といえるでしょう。
> 　*Longman Grammar of Spoken and Written Englsih* という文法書 (1999 年、Longman) はわたしのいう「決まり文句」とよく似た語群に lexical bundle という名前をつけて説明しています。lexical の定義は、「英文データベースの中で 100 万語につき出現頻度が一定数以上の決まった形の表現」となっています。この定義は lexical bundle を発見するのに巨大コーパスが必要だった事情を物語ると考えられますが、単に数量的な根拠であって、きわめて不十分な定義だとわたしは考えます。
> 　理由は三つあります。
> 　一つは決まり文句は形が一定ではないことです。したがって、コーパスで出現頻度を計算するときの方法が大きな問題になります。たとえば Everything will be all right. はいくつの変化形で頻度を数えるのかという問題が生じます。
> 　もう一つは決まり文句の役割に踏み込んだ定義ではな

いことです。たとえば、Been there, done that. と I've been everywhere and seen everything and done everything. はコーパス上では隣に並ぶことはありえませんが、どちらも一つの決まり文句と考えていいとわたしは思います。役割が同じだからです。

3番目の理由として、研究の便宜上の理由があります。わたしの作業仮説による定義であれば、研究者はコーパスを使わなくても、日々の会話をしながら、映画を見ながら、本を読みながら、「決まり文句」を収集することができます。

そこで、

「決まり文句」とは、特定の場面と結びついてよく使われる表現である

というこの定義にしたがって、映画や小説やテレビドラマでよく目や耳にする決まり文句とそれが使われる場面をいくつか並べましょう。まず左端の決まり文句を見て、自分ならどう訳すかを考えてください。それから右端につけた試訳を見てください。そうすると、「決まり文句」と呼ぶ意味が少しずつわかってくるでしょう。

決まり文句	よくある場面	日本語で似た役割の言い回し
I'm on my way	電話	「いま行く」など

That's what you think.	相手の言を否定	「甘いな」など
I don't think so.	相手の言を否定	「どうかな?」(OALD⁷ に記載あり)、「おばかさんね!」など
What do you think?	相手の言を否定	「目はどこについてんだ」「見て(聞いて)わからないのか?」
You heard me.	相手が聞き返してきたときに	「とぼけるな!」など
What else is new?	相手から得た情報の価値を否定して	「知ってるよ」「わかりきったことを言うな」

(OALD⁷=*Oxford Advanced Learner's Dictionary 7th edition*.)

答えに窮した場面

　読者がこれから先英語に触れたときに、決まり文句に出会ったらそれと認識できるように、いろいろな状況とそこでよく使われる決まり文句を見ていきましょう。第2部で述べますが、決まり文句の役割を認識すると、言葉の獲得の仕方が違ってくる可能性があるからです。

　たとえば Good question. という決まり文句があります。It's a good question. の短縮形と考えれば、「いい質問だね」と訳して、べつに不都合はなさそうです。けれども、さまざ

まな形をたくさん見ていくと、次第に Good question. が使われる場面に共通点があることがわかってきます。
　たとえば、次の例は典型的な使われ方です。

"It's a good question," Locke said. "I don't know the answer."
「鋭いね」とロックは言う。「答は分からないよ」

このように、Good question. は、するどく突っこまれて、

答えられない！　答えを知らない！

状況で使われることが多いようです。半分照れ隠しのために、質問した人を褒めてしまおうという作戦です。したがって、Good question. に対して「するどいね」「厳しい突っ込みだな」とか「参ったな」とか「それが大問題」「そこが困ってるんだ」といった訳も可能かもしれません。

大統領に答えてもらえない屈辱的場面
　次の場合も照れ隠しは歴然としています。主人公レイチェルの上司がレイチェルにアメリカ大統領の指示を伝えます。なんと大統領が直々にレイチェルに会いたいというのです。レイチェルはさっと緊張して、大統領の用件は何かと聞き返します。

「きみとの面談だ。他者を交えず。いますぐに」

胸の不安が高まる。「個人的に面談？　用件はなんですか」
　「いい質問だな。わたしも聞かされていない」
——資料㉟

"A meeting with you. In person. Immediately."
Rachel's unease sharpened. "A personal meeting? About *what?*"
"Damn good question. He wouldn't tell me."
——資料㊱

　ここでdamnまでついているのは、ただ答えを知らないだけではなく、よほどばつが悪かったのでしょう。大統領にレイチェルを呼ぶようにと伝言されながら何の用事か知らないのではこどもの使いですね。レイチェルの上司は諜報機関のトップで、大統領以上の事情通を自任しているのですから、余計に腹立たしいのでしょう。damnという言葉には自尊心を傷つけられた口惜しさがにじんでいます。しかも下線を引いたHe wouldn't tell me.という部分を見ると、上司が大統領に「レイチェルに何の用事だといいましょうか？」としつこくたしかめたのに「いいから呼んでこい」と言われたことが読み取れます。ますます立場がない……。
　上の翻訳の「いい質問だな」では残念ながら、そうしたニュアンスは読み取れません。決まり文句が表しているニュアンスや、damnという語の気持ちを考えて訳すと、

> 「きみと話したいそうだ。二人だけで、いますぐ」
> いよいよ奇妙だ。「二人だけで話を？　なんのことで？」
> 「さればさ、まったく、どうしても言わんのだ」

と、こんな風な訳し方もあるでしょう。

　同じ Damned good question. という言い方が同じ作者の *The Da Vinci Code* にも出てきます。こちらは内心の思いなので照れ隠しではありませんが、答えを知らないことでは同じです。この小説の冒頭で、ある人物が裸になって死んでいます。そこで警察は、なぜ服を脱いで横たわったのかを疑問に思います。

> "Why did he remove his clothing?"
> Damned good question , Langdon thought. He'd been wondering the same thing ever since he first saw the Polaroid.
> ——資料㊲

> 「なぜ服を脱いだんだね」
> 痛いところを突くものだ 。インスタント写真を最初に見たときから、ラングドンも同じ疑問をいだいていた。
> ——資料㊳

　これは試訳はいりませんね。「痛いところを突くものだ」という訳文で、damn の悔しい思いも伝わってきます。

Good point. という形もある！

さて、Good question. は直訳でも通じそうなので、意味からも決まり文句と認識しにくいのですが、形の上でもGood point. という変化形があります。二つ紹介しましょう。一つはインターネットで視聴できる「カリフォルニア大学講座集」でいつでも見ることができます（とんでもない世の中になったものです。第2部で述べる外国語の多聴・多読が当たり前になると、かなりの数の高校生が「聞く、読む」では英語国の高校生並みになり、日本の大学の講義を聴く人は激減するかもしれません）。

この講座（'uctv.tv hologram' で検索して、カリフォルニア大学のサイトで視聴できます）を再生しはじめて26分たったところで、講演者が質問を受けて、

"It's the first good question... I can..."

つまり、「今日最初のするどい質問ですね、いまは答えられません……」と言いかけて途中でやめています。そして、Very good point. とつないで、「あとで答えます」と続きます。question と point を入れ替えることができるとわかるよい例です。

文法好きの日本人留学生

もう一つは Lionel Davidson の *The Chelsea Murders* という小説に登場します。ロンドンのある語学学校で英語を外国人に教える授業風景が描写され、授業が終わったところで、

授業中は一言もしゃべらなかった日本人が先生のところに寄ってきて、文法について質問をします。すると先生は、

"Very good point."

といって、あとで答えるよと、そそくさと教室を出て行ってしまいます。

この場合は、文法の細かい点には答えられないので、先生は Very good point. と誉めて逃げてしまったわけです。Good point. と Good question. は「答えを知らないか、答えにくいので、誉めて時間をかせぐ、あるいは逃げる」という共通の状況で使われることがあると考えてよさそうです。ところが、Good point. と Good question. は、コーパスの中では一緒に並ぶことはなく、英語人にも決まり文句とは認識されない可能性があります。

いつか来た道、どこかで見た形

変種は多いものの、Everything will be all right. は決まり文句としては比較的気づきやすい方だと思われます。使われる回数が多く、絶体絶命という印象的な場面でよく使われるからです。けれども次の決まり文句はなかなか手強い例です。翻訳文と英文の最後だけを見てください。

> 「もう危ないまねはさせるな、レジー」グドヒューの皮肉な口がいうところの、マスターの公式かつ最終的なたぶん(メィビー)を、じりじりして待つ間に、彼はクウェイルに注意した。

「もうファックスを盗んだり、鍵穴に耳をくっつけたりはだめだぞ。自然にふるまって、じっと待つように。カイロの一件では、まだわれわれを恨んでるのか。わたしはたしかな手ごたえをつかむまでは、本人には接触しない。そのあたりは昔通った道だ。」　　　　　　　　——資料㊴

"Don't let him risk his hand now, Reggie," he urged Quayle over the secure telephone while he champed and waited for what Goodhew sarcastically referred to as his master's officicial, final, maybe. "He's not to go stealing any more faxes or listening at keyholes, Reggie. He's to tread water and act natural. Is he still angry with us over Cairo? I'll not flirt with him till I know I can have him. I've been that road before." ——資料⑦

翻訳した人はおそらくわかって訳していると思いますが「そのあたりは昔通った道だ」という文はわかりにくくないでしょうか？　というのは「道」の話はその前の部分のどこにも出てこないからです。roadを「道」と直訳してしまうとなんのことかわからなくなりますが、実はこの決まり文句はたくさんある変種の一つなのです。並べてみましょう。

I've been that road before.
I've been there before.
Been there, done that.

第5章　決まり文句　183

こうして並べてみると似ていることがわかりますが、一語一語和訳しながら読んでいたら、一つの決まり文句の三つの変種だとはまず気がつかないのではないかと思います。またbeen there はほかの表現の中でもいくらでも出てくるでしょうから、コーパスで並んでいてもすぐには認識されないと思われます。

　実は3番目のBeen there, done that. は「すでに経験済みだよ」「うんざり」「もうたくさん」「聞き飽きた」といった場面でよく使われます。主語のない特殊な形なので、熟語と認定されているのか、英英辞典にはたいてい載っています。けれども、上の二つの形は3番目とはだいぶ違うので、Been there, done that. の変形と認識されにくいようです。日本語の「すべて経験済み」という意味の決まり文句を使った試訳を挙げておきます。

【試訳】
「いいか、絶対禁止だぞ、ファックスを盗むとか、鍵穴で聞き耳を立てるなんてな。いいな、レジー。ここからは慎重の上にも慎重に、何げない風を装わせるんだ。まだ怒ってるんだろ、カイロの一件で。しばらくは様子見だな、あいつが本当に食いついてくるまでは。カイロの二の舞はたくさんだ。」

　もう一つ、Been there, done that. の変形を見ましょう。すでに出た『グレート・ギャツビー』のはじめの方で、ギャツビーの愛するデイジーがこんなことをいいます。ここでは

資料㉝の訳を中心に見てみましょう。

> 彼女は確信に満ちた声で続けた。「だからね、要するに世の中なんてすべて、ひどいことだらけなのよ。みんなそう思っている。とても進んだ考え方をする人たちだって、そう考えている。でも私の場合は考えるんじゃなく、ただそれがわかるのよ。私はあらゆる所にいて、あらゆるものを見て、あらゆることをしてきたんだもの」 ——資料㉝

最後の一文が Been there, done that. の変形と考えられますが、原文では、

> I've been everywhere and seen everything and done everything. ——資料㉛

となっていて、一見 Been there, done that. からはかなり離れています。同じ部分を資料㉜の訳で見てみましょう。

> 「……あたしはどこへでも行ったし、なんでも見たし、なんでもやったんだから」 ——資料㉜

資料㉜の訳は資料㉝の訳よりも少しだけわかりやすいとは思いますが、どちらもたいていの読者は無意識のうちに「はっきり意味が分からないけれども、翻訳だから」と読み過ごしてしまうことでしょう。しかしここは若く、美しく、裕福なデイジーの深い失望と、それをまるで年齢を重ねた訳知り

のように表現した「かわいらしさ」を表現したいところです。たとえば

【試訳】
「……行きたいところはもう全部行ったし、見たいものは全部見たし、やりたいことも全部やり尽くしたのよ、わたし」

とこんな風に訳すと、一応決まり文句を使ってデイジーが話していること、何不自由なく見えるデイジーの閉塞感ややりきれなさが伝わるかもしれません。本当は『平家物語』壇の浦で自害する前の平知盛を引いて「見るべき程のものは見つ」を細工して訳したいところです。

「かけら」しかない……

大量の英文に触れて Been there, done that. の変形をいくつも見ていると、デイジーの言い回しと Been there, done that のつながりはすぐに意識できます。次に挙げる決まり文句はあまりに断片的で、コーパスでもまずひっかかるまいと思われる例です。

> 「パイロットたちは遅れてくる」コーコランがしゃべっていた。「コンパスがどうのこうのといってる。コンパス でないときは トイレの詰まり だ 。」　　　──資料㊴

> "Pilots'll be along later," Corkoran was saying.

> "Some crap about the compass. ⎢If it's not⎢ the compass, ⎢it's⎢ the bogs won't flush. ..."
> ——資料⑦

　「コンパスでないときはトイレの詰まりだ」という部分はどういうことなのかわかりにくいと思われます。決まり文句だということを意識せずにそのまま訳したのでしょう。このような逐語訳では隔靴掻痒の感がありますが、次のように日本語の決まり文句で、

【試訳】

　「パイロットたちは遅れてくるとさ」とコーコランの声。「コンパスがどうだとかいってやがった。なにかというと、やれ コンパス だ、やれ トイレが詰まった だ ……」

と訳すと雰囲気がよく出ると思いませんか？
　この場合、決まり文句としては If it's not ..., it's ... の形が代表的です。「次から次へまったくもう……」などと言いたい状況で使います。けれども決まっているのはこの枠組みだけで、...の中にはさまざまな語や句や節が来ます。パターンとして目を引きにくいわけです。調べた範囲内の英英辞典には記載はありませんでした。コーパスを使ってもまず見つからないと思われる決まり文句の代表でしょう。

---

§4　ではどうする？——量の不足がすべての原因

　決まり文句を決まり文句として吸収できるようになると、

新聞から小説、論文、劇、映画、日常会話に至るまで、深く豊かに味わえるようになる……ような気がします。決まり文句だからこそ伝わる背景や思いがあるからです。また、逆に決まり文句がわかるようになると、決まり文句を極力避けた詩などの言語芸術もしかるべく新鮮に響くようになる！

　だからといって、決まり文句をたくさん知ることはむずかしいことではなく、少数の人だけに許されているようなことでもありません。またしてもわたしが英語の知識をひけらかしているように感じた人もいるかもしれませんが、それは半分当たっていて、半分はずれています。つまりわたしは英語に触れた量は日本在住のたいていの「英語専門家」よりも多いようです。それを「量をひけらかしている」というなら、当たっているといえます。その反面、辞書は英英辞典といえども滅多に引きません。その時間は本やラジオや映画に使ったので、英語と英語文化に関する雑学は多くなりました。つまりわたしはたいていの「英語専門家」よりもたくさんの英語に触れ、その結果たくさんの背景知識を吸収したのだと思われます。ひけらかしているとしたらそれだけです。

　けれどもわたしの知識自体は、たくさん読んだり聞いたりしていればだれでも得られるものであって、決して頭の良し悪しとか、言葉のセンスがどうのというような大仰な問題ではありません。日本語だったらだれでもこの章で書いた程度のニュアンスは日常的に感じ取って、それに応じた反応をしています。

　たとえば、すでに出た例で言えば、

「あなたは何を待っているの？」
「あなたは何を待っているわけ？」

という二つの言い方のニュアンスのちがいは日本語にたくさん触れた人ならだれでもわかるはずです。これは「……わけ？」がいわば日本語の決まり文句であって、状況によっては叱責や強い疑問を意味するからです。

わたしが、ここまで指摘してきた決まり文句も、別にわたしに特別な力や素質があったから気づいたのではなく、大量の英語に触れてきた結果、自然に気づいただけのことです。大量に触れて、大量に吸収していれば、外国語でも同じことが起きるはずです。にもかかわらずこれまでの日本英語のように、知らない単語をいちいち辞書で調べ、文の構造を細部まで考えたりしていると時間がかかりすぎて、結局大量の英語に触れることができず、決まり文句のニュアンスまで吸収することはできません。まして、内容を楽しむことはできません。

犬も歩けば……

Good question. / Good point. という表現は返答に窮したときに使われることは、何度もこの表現に出会っているうちに次第にわかってきます。わたしの場合でいえば、イギリスBBC放送のタイムマシンに関するラジオ番組がきっかけで、この決まり文句の本当の意味がわかったのだと思います。番組の最後にアナウンサーが、解説をしていた物理学者に「もしタイムマシンがあったら先生はどの時代に戻りたいです

か」と質問したところ、物理学者は 'Good question, but I happen to know the answer.' と答えたのです。happen to know つまり「たまたま答えられるんです」という言い方から、「答えを知らないのが普通」だということがわかりました。

ちなみに物理学者の答えは「ジャニス・ジョプリン（歌手）が（すぐあとで墜落する）飛行機に乗る直前に戻って、その飛行機に乗るなと言いたい」というものでした。わたしはその物理学者はなんという幸せな人だろうと思ったものでした。そのこともあって、このきっかけは深くわたしの頭に刻みつけられたのでしょう。そうしたきっかけは大量に読み聞きするうちにだれでもぶつかるものです。いわば「犬も歩けば棒に当たる」を地でいったわけです。

Good question. / Good point. はとてもよく出てくる決まり文句なので、みなさんもその状況をよく観察してみてください。そのうちいつか心に、あるいは頭に、ずしんと響く「（その質問には）参りましたね」という使い方に出会うことがあるはずです。そのとき、100年以上も不遇だった決まり文句は本来の輝きを取り戻して、独自の役割を主張しはじめるはずです。

§5 言葉の最小単位

決まり文句の「独自の役割」は、わたしの言語観を一変させようとしています。この章の最初に、日本英語は決まり文句を話題にしたことすらなかった、と書きました。わたしは

決まり文句に気づいてから次第にその多さに気づき、いまでは、

言葉の最小単位は語ではなく、文である

という仮説を立てています。決まり文句の中には for that matter のように文になっていないものもありますが、少なくとも言葉の獲得（または言葉の学習）、言葉の獲得支援（言語教育）は単語を最小単位とするのではなく、文を最小単位として扱った方が自然だろうと考えています。

会話は決まり文句でできている！

英語を言葉として研究する際には書き言葉は普通相手にされません。言葉はやはり元々音なので、話し言葉を研究します。そこで、「言葉の最小単位は文である」という仮説を検証するために、会話は決まり文句からできていることを確かめてみましょう。

この章の問題2の翻訳と原文をもう一度見てみます。

> 「……だから構造主義について話してくれたまえ。」
> アンジェリカは、ぐっと深く息を吸い込み、それから不意に吐き出した。「何から話していいのやら、よくわからないわ。」そのとき、レクチャー・ルームに戻るようにという合図のベルが鳴った。「ベルに救われたわ！」とアンジェリカは言って笑った。
> 「なら、あとで」とパースは、なおも喰い下がった。

「まあ、なんとかやってみるわ」とアンジェリカは言った。
　　　　　　　　　　　　　　　　　　　　　——資料①

と訳されていた部分の原文では、下の四角く囲んだ箇所が決まり文句だと考えられます。

"… So tell me about structuralism."
Angelica took a deep breath, then expelled it abruptly. " It's hard to know where to start ," she said. A bell sounded to summon them back to the lecture room. " Saved by the bell! " she laughed.
" Later, then ," Persse urged.
" I'll see what I can do ," said Angelica.
　　　　　　　　　　　　　　　　　　　　　——資料②

つまり、このやりとりはすべて決まり文句なのです！（下線を引いた structuralism はこの決まり文句の交換可能な部分です）。
　もう一つ。「嘘ついたら針千本」の原文でも……

「話してくれないか？」ペントンは答えたが、ベイジルが何のことをいっているのかわからない。クリスマスショップという店での殺人のことは、記憶になかった。
「郵便の件は？」
「なんとかしてみるよ」
「絶対に？」

「やってみよう」　　　　　　　　　　　　　——資料㉙

と訳されていた部分の原文を見ると、

"Why don't you tell me about it," Benton replies, and he doesn't know what Basil means.　He isn't familiar with a murder that occurred in a Christmas Shop.
"What about my mail?"
"I'll see what I can do."
"Cross your heart and hope to die?"
"I'll look into it."　　　　　　　　　　——資料㉚

というように、たまたま引用した部分の会話はすべて決まり文句だったのです。

言葉の最小単位は「語」ではない！

　日本の英語教育は、というよりも世界中の外国語教育が、言葉の最小単位は語であると考えているように思われます。特に英語などのアルファベットを使う言葉では分かち書きが普通なので、「言葉の最小単位は単語」であると感じられるのは無理ないでしょう。そこで「単語の暗記は外国語学習の大前提」という「常識」が広まっているのでしょう。

　けれども考えればすぐに常識の誤りは納得できるはずです。まず、母語は単語から覚えるわけではありません。赤ちゃんが最初に口にする発話は「一語文」と呼ばれます。つまり「まんま！」という一語は「食べ物がほしい」というメッセ

第5章　決まり文句

ージを伝える「文」なのです。おなじようにおとなの外国語獲得も「一語文」からはじめる道があるかもしれません。一語を「単語」として覚えるのではなく、その一語が使われる場面とともに身につけていくのです。そのために絵本や映画やテレビドラマは大きな役割を担うはずですが、それについては第2部で書きます。

また逆に、語が言葉の最小単位ではない「証拠」として、場面から切り離された単語一つの意味は特定できないという事実もあります。たとえばtableという1語だけではなんのことか分かる人は英語人にもいません。せめてa tableなら、日本語でいう「テーブル」に近いものかもしれませんが、tableただ1語の場合は、ひょっとすると「議題として提出する」という動詞かもしれません。一つ一つの語の役割や意味を文の助けなしに特定することは不可能なのです。語は文の中になければ意味を持たないことがわかります。

にもかかわらず単語カードや単語集で「英単語の訳語」を覚えてしまおうという試みは古今東西を問わず行われてきました。今後もそうした試みがなくなることはないでしょう。そうしたやり方は辛く苦しいだけに何かを得ていると勘違いしやすく、熱狂的なファンがいます。

そうした単語原理主義者（？）には、単語の暗記から出発しない語学学習など想像もつかないでしょう。第2部「解決篇」ではまったく異なるやり方を提案します。暗記や問題集など比べものにならない楽しい道で、しかも楽な道でもあります。どうぞお楽しみに！

まとめ：すべては吸収量から

決まり文句について日本英語が誤解している、というより存在そのものに気がつかない原因はただ一つ

　＊吸収量の不足

に尽きます。さらに吸収量不足の原因を遡ると、さまざまな細かい原因が考えられます。そうした点は第1章から第4章で指摘したことと重なりますが、つぎのようなことが挙げられるでしょう。

　＊「孤立した文」を分析するために、たくさんの量を読むことができない。
　＊辞書を使って日本語に訳しながら理解しようとすることでさらに時間がかかる。
　＊「孤立した文」で勉強することで、文から文へのつながりは意識に上らず、ニュアンスや陰翳は失われる。

ということになるでしょう。

決まり文句から見えてくる外国語への道

要するに日本で外国語を獲得する場合は、上のやり方の逆をやればいいことになります。すなわち言葉の最小単位を語ではなく文と考え、文と場面の結びつきをたくさん体に染みこませます。そうするとその場面に出会ったときに決まり文句が「一語、一語」ではなく、「決まり文句のかたまり」と

して出てきます。

　たくさんの場面とたくさんの表現に出会うには第2部で述べる多読や多聴が必要ですが、それを実際にやった人たちは会話の仕方が違うようです。その違いが「言葉の最小単位は文である」という仮説を支える可能性があるので紹介しましょう。

> ……今、オンラインで英会話をやっていますが、「あなたは早く話す事ができる」って誉められて、「？？？？？」でした。どういうこと？　って聞いたら「大抵の日本人は、こちらが質問してから、答えるまで、すごく時間がかかる」と言われました。[そういう人たちは] 頭の中で一生懸命日本語を英語に訳して、文章を組み立ててるのかな？　と思いました。私は、3歳児レベルだけど、多読のお陰で、英語は英語のままで理解しているので、そういう作業が無い分、早いようです。それから「あなたはこちらがゆっくり話さなくても分かる」というのも言われました。これも同じ理由かな？と。カナダ人の先生にも、フィリピン人の先生にも言われたので、そうなのかなと思います。

　これは学校時代英語が非常に苦手だった人のメールです（途中を省略、語尾を編集しています）。自ら3歳児レベルと言っているのは誇張でも謙遜でもないだろうと想像します。このメールの省略した部分では、「口から出てくる文は3語から5語くらい」と書いていますが、話すのも聞くのも「たいていの日本人よりも応答が早い」ようで、これは大量に吸

収した人の特徴のようです。吸収量を生かして大量に話すうちに、少しずつ年齢レベルが上がっていくことでしょう。

ほかにも多聴・多読をした人が「やっと赤ちゃん並みに話せるようになった」という感想を洩らしています。第2部では単語や文法を土台にするのではなく、日常の「場面＋文」の組み合わせを大量に吸収することを提案します。

コラム　書き言葉の決まり文句、詩と決まり文句

「まとめ」で紹介したように、いわゆる日常会話はほとんど決まり文句でできている可能性があります。では書き言葉はどうでしょう？　一言でいえば書き言葉には日常会話よりも決まり文句の割合が少ないと思われます。

決まり文句の研究はまだほとんどされていません。さきほど書いたように、言語学の中の pragmatics（語用論と訳される）という分野で少しその芽が出てきた程度でしょう。したがって、そもそも「決まり文句の割合」などといっても、まだ印象に過ぎないことをお断りしておきます。その「印象による中間報告」をあえてしましょう。

書き言葉の中の決まり文句は次のような順番で少なくなっていくという印象があります。

　自然科学の論文：ほとんど決まり文句で、一部の語を入れ替えるだけ？
　人文科学の論文：主要な部分は独自な文章で、論理

の枠は決まり文句?

大衆小説：会話の部分はもちろん、地の文も決まり文句多し（?）

高級娯楽小説（John le Carre、J.R.R. Tolkien、Umberto Eco〈英訳〉など）：決まり文句少なめ、または決まり文句のひねりがうまい。

純文学：決まり文句少なく、そのため読みにくい場合あり。

詩：決まり文句はほとんどない。決まり文句に頼ってさっと読むことはできない。一つ一つの語の選び方やいくつかの語の組み合わせによるリズムやメロディを味わう?

なお、すでに書きましたが、詩には決まり文句が少ないから決まり文句を知らなくてもいいのかというと、そうではないと思われます。詩人の言葉遣いがどれほど独自であるかは、決まり文句が分かっていなければ感じとれないと考えられるからです。

第1部 まとめ

　さて、第1部では日本英語の常識となっているいくつかの文法項目を見てきました。そしてその常識が間違っていることを確認してきました。本書全体の「はじめに」で、わたしは「英語の大家ほど根本的な間違いを露わにする可能性がある」と書きましたが、予想は当たっていたようです。そういう人たちの翻訳を見ると、語彙や学校文法上のまちがいはほとんどありませんが、代名詞や冠詞や時間表現、語順、決まり文句について大きな誤解をしていました。
　ここではそうした誤解に共通する原因をまとめておきましょう。

＊英和辞典を使い、文法を学ぶことで英語を理解しようとしてきたこと
＊孤立した文を使っていること
＊その際に、日本語を介して英語を理解しようとしたこと
＊そのために日英文法を一対一対応させなければならなかったこと

　日本英語は長い間、こうした姿勢で英語に対処しようとしてきました。その結果、吸収量はきわめて乏しく、そのため、英語が単に知識人の教養であった昔はいざ知らず、現代では

残念ながら役立たずになっています。わたしには、このような姿勢こそ日本英語が袋小路に入りこみ、100年ものあいだ抜け出せなくなっている大きな原因だと思われてなりません。

　第1部ではずいぶん理屈っぽい話が続きました。第2部では袋小路を抜け出した実例をたくさん紹介しますが、第2部のはじまる前に幕間で、日本英語の大本である文部科学省の学習指導要領で頭をほぐしてください。

> 幕間キョーゲン

第6章　おもしろうて、やがて哀しき……
泣ける教科書の話

　日本英語は英語の先生や翻訳家までも支配していますが、その大本はやはり学校英語だろうと思われます。学校で習わなかったら、だれも「he＝彼、she＝彼女」とは言わなかったはずです。また、学校で「SVOC」などと言わなかったら、英文を一々分析して和訳して理解するなどという面倒なことは思いつかなかったことでしょう。第2部「解決篇」で紹介する「多読・多聴」で英語と触れたこどもたちは、日本語に直すことなど思いもよらずに英語を楽しんでいます。

　学校英語の背骨は文部科学省の作った学習指導要領です。そして学習指導要領を教室に持ちこんだものが検定教科書です。検定教科書の出来を一目見れば、文部科学省の大方針そのものに大きな問題があることがわかるはずです。

　問題が大きすぎると笑うしかない場合があります。残念ながら検定教科書はそれに当たります。学校英語は質、量ともにきわめて貧しいものですが、第1節で、学校英語の量の少なさを見ましょう。その「かろきになきて、さんぽあゆまず」という量には笑いよりもため息が出ることでしょう。次

に第2節で質の貧しさを見ますが、貧乏話の常として、大いに笑えるはずです。

> §1 検定教科書の実情——量の乏しさ

　少量の英文を和訳しながら精密に読解する……これは日本英語の真骨頂と言っていいでしょう。英語に触れる機会が少なかった昔は、それ以外に刻苦勉励の方法はなかったかもしれません。文部科学省の想定する英文の量はそのころの思考をひきずっているようです。言葉の吸収を「樽に水を入れる」ことに喩えれば、検定教科書では樽に溜まるというよりは樽の底が濡れる程度の量でしかありません。吸収する前に干上がってしまいます。

中学3年間の総語数

　ある公立中学校で英語を教えている先生が、ご自身の学校の中学1年生から3年生までの検定教科書3冊を読むと全部で何語読むことになるのか、数えました。4800語余りだったそうです。これはきわめて少量の英語といっていいでしょう。たとえばおとなが読むペーパーバック1ページにはざっと300語くらいの語が印刷されています。ペーパーバックに換算して16ページほどの英文に、3年間をかけていることになります。

中学3年間の獲得語数

　Stephen Krashen さんという米国の言語学者が *Power of*

Reading という本の中で、ある研究を引用しています。その研究によると、米国の小中高の生徒は1年間に100万語程度の英文を読み、1000語程度の新しい語を身につけるそうです。つまり1000語に触れて1語を獲得する計算になります。その割合をそのまま日本の中学校の英語教科書に当てはめることができるかどうか、疑問です。けれども、仮に楽観的な見通しを持って同じような獲得が日本でも起きるとしましょう。それでも、検定教科書の英文量では3年間に5語しか身につかないことになります。中にきわめて熱心な生徒がいて、予習、授業中、復習、試験準備で各課を10回ずつ読んだとしましょう。それでも獲得できる語数は50語にしかなりません。何をするにも不十分なことは火を見るより明らかだと思われます。文部科学省はコミュニケーションを重視する方向を打ち出していますが、たった5語、あるいは50語で一体何を受け取り、何を表現できるでしょう？

所要時間

　検定教科書の英文の量はきわめて乏しいわけですが、これを読書時間の点から見てみましょう。わたしが電気通信大学で行っている多読クラスでは、学生が1分間100語くらいの早さで読むことを最初の目安にしています（この100 wpm＝words per minute という数字は「支援の目安」であって、「学習の目安」ではありません。学生には100 wpm で読むようにとは言いません。わたしが支援のために頭に置いておくだけです）。これまでの授業の経験では、そのくらいの速さで読んでいれば、たいていの場合その学生は愉しんで読んで

いると判断していいからです。70 wpm くらいの速さでは苦しんでいる可能性が出てきます。そして 50 wpm を割ると辛い思いをしながら和訳している可能性が非常に高くなります。

さて、多読支援の目安速度である 100 wpm で検定教科書を読むとしましょう。すると文部科学省の中学検定教科書3年間分は 48 分で読み終わる量にしかなりません。1 時間足らずで読める英文に 3 年間をかけて、果たしてどんな意味があるのでしょう？（なお、大学生には 100 wpm が目安でも、中学生、高校生はそんなに速くは読めないのではないかという反論があるでしょう。けれども中学や高校の多読クラスで、生徒が 100 wpm をはるかに越えることは少なくありません。わたしの目撃した最高速度は中学生で約 400 wpm ですが、決して例外的に速いわけではありません）。

コラム　総語数とは？　多読とは？　多読クラスとは？

わたしが本書で何度も言及する多読は、旧来の多読とはだいぶ違っています。そこを説明しておきましょう。

多読は昔からよいものだということになっていたようですが、これまでは「精読」とおなじ読み方で（和訳しながら）多く読むことを意味していたようです。けれどもわたしが『快読 100 万語！　ペーパーバックへの道』で提案した多読は二つの点でこれまでとは大きく違っています。一つは多読三原則を利用することで、もう一つはゼロからはじめることです。

わたしが同書で提案した多読三原則はこれまでの語学

学習の常識をちょうどひっくり返すものと考えればいいでしょう。つまり①辞書は捨てる、②わからないところは飛ばす、③(好みやレベルが)合わないと思ったらどんどんやめる、というものです(くわしくは同書や『今日から読みます英語100万語!』(日本実業出版社)を読んでいただきたいと思います。特に『今日から〜』は実際に三原則を使ってみた人たちの体験がたくさん集められています)。

　もう一つの相違点はやさしい本からはじめることです。もしまだペーパーバックを日常的に読んでいない場合は、どんなに英語を勉強した人でも字のない絵本をたくさん「読む」ことをすすめています。次には1ページに1語か2語の絵本をたくさん読み、その次は1ページに3語から5語くらいの絵本……というようにほんの少しずつレベルを上げていきます。徐々に絵は小さくなり、絵本というよりは挿絵本になり、次第に挿絵は間遠になります。その過程を「楽しむ」うちにいつしか文字だけのペーパーバックが読めるようになります。

　「楽しむ」はわたしの提案する多読の要の概念です。多読三原則を一言で言ってしまえば、「楽しく読む、楽しくないことはしない」ということに尽きるだろうと思います。楽しく読み、聴きしていると、触れる量は教科書の何十倍、ときには何百倍になります。多読三原則を使った多読を「100万語多読」とも呼ぶことがありますが、大量に読み聴く特徴を表したものです。

高校検定教科書の場合

　高校に入れば量の少なさは改善されるのでしょうか？　中学高校の指導要領はおなじ方針で作られていますから、検定教科書に頼っている限り改善はありえないと言えるでしょう。中学検定教科書とおなじように、いくつかの高校教科書を取り上げて、その中に含まれる英文の量を推定しました。するとやはり検定教科書の英文量はごく乏しいものでした。3年間でざっと2万語と思われます。すなわちペーパーバックにして、約50ページを3年間で読むわけです。獲得語数に換算して20語……。

　また、多読クラスの支援目安速度100 wpmで計算すると、3時間20分で読める量にしかなりません。中学からの6年間で総計約4時間分です。日曜日の半日で十分読める量です。それを6年もかけてああだ、こうだと分析し、辞書を引きながら日本語に訳していく——樽に入るそばから水は干上がってしまいます。検定教科書だけでは樽に英語が溜まることは絶望的だと思われます。

副教材の英文量

　反論として「生徒は検定教科書を読むだけではない。問題集にも英文はあるし、試験でも英文を読むし、宿題でやさしい英語の本を読ませることもある」という意見がありそうです。けれども、中学高校6年間で目に触れる英文をすべて集めても、例外的に熱心な生徒でせいぜい10万語程度でしょう。それではおとな向けのペーパーバック1冊分、つまり多

読支援目安読書速度（1分に100語、1時間で6000語）で読めば、17時間足らずにしかなりません。1日30分の英文読書をすると、17時間は34日分です。つまり10万語というのは、多読であれば1カ月ちょっとで読める量です。6年間は72カ月ですから、65分の1以下の量ということになります。

これは6年間で10万語も読む学校英語の優等生の場合です。検定教科書だけの場合は6年間で2万5000語、つまり多読する場合のざっと260分の1しか読まないことになります。そして中高6年間のどこかで英語をあきらめたこどもたちはおそらく教科書など読まず、授業も聞かず、友だちの訳をコピーさせてもらってそれを覚えて試験に臨みます。そうしたこどもの触れる英文の量は多読する場合の1000分の1以下かもしれません。

問題は量の乏しさだけか？

問題集や試験や課題図書を加えても量がさほど増えないだけではありません。問題集や試験問題の英文には非常に大きな問題があります。触れれば触れるほど英語から遠ざかる可能性があります（『どうして英語が使えない？』で書きました）。それは学校英語の「質」にも大きな問題があるからです。根が深いのは日本英語というねじれた巨木の大きさを物語っていると言えるでしょう。その巨木の名は検定教科書といいます。ただし巨木といっても幹が太く、根がしっかりしているわけではありません。どちらかというとまるで巨大な軟体動物か蔓草のようであります。検定教科書の市場は相当

大きいので、巨木に育っていますが、天を衝くのではなく、地を這い、どぶを満たすはびこり方というべきでしょう。

§2 検定教科書の実情——量足らざれば質足るべからず

文部科学省の考える英語教育の質をたしかめるために、2008年現在実際に使われている検定教科書を見てみます。これは高校1年生向けのオーラル・コミュニケーションⅠという科目で使われる *Hello There!* という教科書です。教科書出版の最大手東京書籍が出していて、オーラル・コミュニケーションⅠという科目では日本でもっとも多くの学校に採用されています。(2008年度現在、高校課程では、ほかにオーラル・コミュニケーションⅡ、英語Ⅰ、英語Ⅱ、リーディング、ライティングなどの科目があります。)

まずはこの検定教科書の第3課の訳文を読んでください。なお、第1部の翻訳例と同じで、一応英文も引用しますが、英文を読まなくても検定教科書の無意味さはわかるはずです。日本語訳だけ読んでください。英文は *Hello There!* の第3課左ページから、訳文は右ページに載っているものをそのまま引用しています。210〜211ページは実際の版面です。

Hello There! の第3課、30ページ、本文

M : Hi, Hiroshi. Another soccer game?

H : How did you know?

M : First, the uniform. Second, the flag. Third, the megaphone!

H : You're very right. Would you like to come with me? I have two tickets.

M : Not today. I'm going to Central Cinema.

H : Another horror movie?

M : You know I'm crazy about them. How about joining me?

H : Thank you, but not in this outfit. Anyway, have a good time.

M : You, too. Bye.

Hello There! の第3課、31ページ、訳文

メアリー：あら、浩、またサッカーの試合？

浩：何でわかったの？

メアリー：まずそのユニフォームね。次に旗。そしてメガホン！

浩：そのとおり。どう、いっしょに行く？ チケット2枚持ってるんだ。

メアリー：今日はダメ。これからセントラル映画館に行くんだから。

浩：またホラー映画？

メアリー：私がホラー映画の大ファンだって知ってるでし

Speaking

Dialog

メアリーと浩が，土曜日の午後，通りで偶然に出会います。

表現

● 理由を列挙する
- First, the uniform. Second, the flag. Third, the megaphone!

● 誘う
- Would you like to come with me?
- How about joining me?

● 興味・関心を伝える
- You know I'm crazy about them.

H=Hiroshi M=Mary

- M : Hi, Hiroshi. Another soccer game?
- H : How did you know?
- M : First, the uniform. Second, the flag. Third, the megaphone!
- H : You're very right. Would you like to come with me? I have two tickets.
- M : Not today. I'm going to Central Cinema.
- H : Another horror movie?
- M : You know I'm crazy about them. How about joining me?
- H : Thank you, but not in this outfit. Anyway, have a good time.
- M : You, too. Bye.

megaphone メガホン　　horror movie ホラー映画　　outfit 格好

Do You Understand?

正しいものは True の欄に，誤っているものは False の欄に✓印を入れよう。

1. ☐ True ☐ False
2. ☐ True ☐ False
3. ☐ True ☐ False
4. ☐ True ☐ False

Sound Advice

1. 下線部の音に注意して発音しよう。
   flag / megaphone / enough
2. 動詞は強く発音しよう。
   How did you know? / How about joining me?

(30)

210　幕間キョーゲン

	メアリー	:あら、浩、またサッカーの試合?
	浩	:何でわかったの?
	メアリー	:まずそのユニフォームね。次に旗。そしてメガホン!
5	浩	:そのとおり。どう、いっしょに行く?チケット2枚持ってるんだ。
	メアリー	:今日はダメ。これからセントラル映画館に行くんだから。
	浩	:またホラー映画?
10	メアリー	:私がホラー映画の大ファンだって知ってるでしょ。あなたこそ、私につきあわない?
	浩	:ありがとう。でも、この格好じゃダメだよね。まあ、楽しんできてよ。
	メアリー	:そっちもね。じゃあね。

🎯 Try It Out!

A Tool Boxを参考にして空所を補い、好きなことや人について対話をしよう。

A: I ①_____ ②_____.
How about you?
B: I ①_____ ②_____.

Tool Box 
① love / am interested in / like / enjoy
② sports: tennis / watching baseball games / weight lifting / (人名)
music: classical music / pop music / playing the guitar / (人名)

B Tool Boxを参考にして空所を補い、人を誘う対話をしよう。

A: Can you come to see a movie with me next Saturday afternoon?
B: What kind of movie?
A: ①_____. 映画の名前 is playing in / at 場所.
B: ②_____.

Tool Box
① A romantic movie / A horror movie / An action movie / An adventure movie
② Yesの場合 Yes, let's / I'd love to (go) / Sounds good
  Noの場合 Sorry, I don't want to see that /
  Sorry, I already saw that /
  Sorry, I'd rather see a different movie

ょ。あなたこそ、私につきあわない？
　浩：ありがとう、でも、この格好じゃダメだよね。まあ、
　　楽しんできてよ。
　メアリー：そっちもね。じゃあね。

　中学・高校はだいぶ昔に卒業したという人には、こうして教科書に英文の和訳が載っていること自体、相当な驚きだろうと察しますが、これは最近英語の授業時間が短くなって、和訳に時間をかけられないからだと思われます。時間がないのであれば和訳そのものをなくしてしまえばいいと思いますが、「英文はすべて和訳を通して理解する」ことが日本英語の大前提なので、和訳を英語の授業のどこかに入れないわけにはいかないのですね。

　教科書に本文の和訳が載っていることもおかしいのですが、もっとおかしいのはその内容です。上の訳文を読んでおかしな会話だとは感じませんでしたか？　一つ一つ説明していくと、まさに人工言語としての英語「会話」であり、現実にはあり得ないということがわかると思います。

検定教科書の「人工言語」

　たとえば……

　メアリー：あら、浩、またサッカーの試合？
　浩：何でわかったの？

　ここまではよしとしましょう。変なところはありません。

ただし、先を読んでから振り返ると、あり得ないやりとりだということが分かります。

> メアリー：まずそのユニフォームね。次に旗。そしてメガホン！

これは変ではありませんか？

まず、First、Second、Thirdなどと論点を数え上げながら説明するのは、このような街角の会話ではまずないでしょう。あるとすれば冗談として数え上げるくらいでしょう。今の言葉でいえばギャグとして、あるいは「ネタ」として。

もともとFirst、Second、Thirdというような整理の仕方は、論点の一つ一つが長くなるので、聞き手の頭の整理を考えて使うものです。論文や講演でなければ普通は使いません。ユニフォームと旗とメガホンなどという簡単な列挙の場合に使うのは、「ツッコミ」を期待した「ボケ」としか考えられません。ところがもちろんこの先を読んでもツッコミはないのですね。メアリーは大まじめに数え上げているらしいのです。

次に、このメアリーの指摘を読むと、さきほどの浩のセリフ「なんでわかったの？」がおかしくありませんか？　浩の格好はサッカーの応援に行くしかない格好ですから、その格好をした本人が「なんでわかったの？」と聞き返すことは理解しかねます。これもまた非常に素朴なボケなのでしょうか？　それとも浩は自分の格好を意識していないのか？

そして、サポーターの３点セットを指摘された浩の次のセ

リフも奇妙です。

> 浩：そのとおり。どう、いっしょに行く？ チケット2枚持ってるんだ。

　浩が「そのとおり」と言っているのは見逃しましょう。でも、チケットはどうして2枚持っているのでしょう？　試合の直前だというのに、だれが使うか分からないチケットを1枚持っているというのは変ですね。これにはいくつかの解釈がありえますが、もっとも妥当性があるのは、「1枚はダフ屋に売ろうとしている」という解釈だと考えられます。ただし、文部科学省の検定教科書でダフ屋を肯定するような会話が掲載されているというのは、英文の奇妙さを越えた大問題かもしれません！

> メアリー：今日はダメ。これからセントラル映画館に行くんだから。
> 浩：またホラー映画？

　浩がチケットを2枚持っている理由を推測して、まさかダフ屋に売るつもりではあるまい、メアリーを待ち伏せて誘うつもりだったのだろう、という解釈があります。もう少し先を読むとその解釈は間違いだということがわかります。

> メアリー：私がホラー映画の大ファンだって知ってるでしょ。あなたこそ、私につきあわない？

メアリーの「知ってるでしょ」はどことなく変ですね。スパイ小説なら「隠しマイク向けにしゃべったセリフ」というところです。どうもこのセリフをだれに向けて言っているのか判然としません。

文部科学省とダフ屋の秘かな関係
　けれどもそれよりも疑問なのは2番目の文で、メアリーが映画に誘っていることです。というのは、サッカーのチケットはおそらく映画のチケットの何倍もする！　そのチケットを2枚（2枚で1万円相当？）捨てて、たかだか1500円の映画に行こうと誘っているのです。強気というべきか、計算ができないというか、それともメアリーと浩の住む世界では映画の入場料はサッカーの入場料2人分を捨ててもいいくらいに高いのでしょうか？

　もちろんここで、「実はメアリーが浩に気があって、映画に誘っているのではないか？」という解釈もありえます。しかしメアリーの目的がデートなら、ただで一緒に行けるサッカーに誘われたときに断るはずがない……。二人の関係は一体どういうものなのでしょう？　互いに誘い合うけれども、どちらも自分のやりたいことを打ち捨てて一緒に行動しようというほどでもない……。

　日本語訳を見ると結構親しい友だち同士と読めますが、実は英文を見ると Would you like to come with me? と浩がメアリーを誘っています。この表現はていねいすぎて、親しい友だちを誘うときの物言いではありません。「どうでしょう、

ご一緒しませんか？」といったかなり丁寧な言い方です。よく知っている相手に使うことはないでしょう。この誘い方を見ると、いよいよこの二人の関係がわからなくなってきます。

映画に行くからサッカーには行けないと断ったメアリーが、今度は浩を映画に誘うのに対して、浩が答えます。

> 浩：ありがとう、でも、この格好じゃダメだよね。まあ、楽しんできてよ。

この部分は奇妙奇天烈な検定教科書の白眉とも呼べる一文です。「でも、この格好じゃダメだよね」と言っているところを見ると、浩は自分が映画を見に行く格好ではないことはわかっているようですね。では最初に「何でわかったの？」と、自分の格好を意識していないかのような質問をしたのはなぜでしょう？　浩の頭の中はどうなっているのでしょう。心配になります。

> メアリー：そっちもね。じゃあね。

メアリーはどうも浩の言動の矛盾に気がついていないようです。浩とメアリーの奇妙なやりとりさえなければ、締めくくりの言葉として別に問題はないのですが、最初から順に読んでいくと、これだけ奇妙な会話のあとで、こんな風に普通に別れられることが不思議に思えてきます。

作った人々の頭の中

　心配なのは浩の頭の中、メアリーの呑気さだけではありません。この教科書を作った人たちの頭の中はどうなっているのでしょう？　検定教科書は何人もの人たちが長年月かけて作るものです。著者、「ネイティブ・チェック」、さらに大学の先生たち二人による審査もあります。文部科学省には教科書調査官という役職もあります。くだんの第3課もおそらく何十人あるいは何百人という人の眼に触れたはずです。どこかの過程で、だれかこれだけのナンセンス、無意味さ、不気味さに気づいた人はいなかったのでしょうか？

　おそらくそういう人たちの目を曇らせたのは、「教科書とはそういうものである」という「常識」だと考えられます。そもそもわたしがこの手の奇妙な英文に最初に触れたのはNHKラジオの高校英語講座でしたが、帰国子女と思われる日本人講師も、朗読を担当した外国人講師も、くすりともせずに真面目に解説していました。一体この世界はどうなっているのか？　カフカの短編が少しも隠喩などではないと感じたのでした。

孤立した文の寄せ集め

　この教科書作りに関わった人たちは、わたしがいま説明したような読み方をされるとは夢にも思っていなかったことでしょう。「教科書とはそういうものである」という常識からはどんなに奇妙な「会話」が展開しようと、それは意識にのぼらないのでしょう。なぜかといえば、検定教科書の文章は「文法、語法などを提示する」ことが最大の役目だからです。

そうした文法や語法のことを文部科学省の指導要領は「言語材料」と呼んで、どういう言語材料が中高6年間の検定教科書で取り上げられなければならないか、定めてあります。

しかも第1節で見たように圧倒的に（？）少ない量の検定教科書で必要な文法、語法を提示しようとすれば、背景説明や人物描写、伏線や展開、結末といった「余計な文」を入れることはできません。基本的に検定教科書の英文はやせた文章にならざるを得ないのです。その結果、中学では文法、語法を念頭に置いた短い会話例がほとんどです。高校では、オーラル・コミュニケーション以外でも、ごくごく短いエピソード、非常に簡約したエッセイ、要旨だけ並べたような描写文ばかりです。しかもその内容はきわめて「教育的」で、環境問題、異文化理解関連、あるいは若者を励ますための成功物語、あるいは心温まるエピソード、はたまたこどもたちにおもねた（つもりの）ビートルズの歌などに限られています。こどもたちが心から楽しんだり、刺激されたり、反発したりできるしっかりした内容ではありません。量が足りないことが質の貧しさに直結していることがわかります。

わかりやすい例

英語の検定教科書は「やせた内容」になっています。それを浮き彫りにするために、逆方向から照明をあててみましょう。次の引用は、しばらく前まで外国人のための日本語の教科書として大変広く使われていた本から取りました。外国人のための日本語教科書ですから、検定教科書ではありませんが、著者の一人は日本語教育界の重鎮で、検定教科書並みに

信頼されていたといっていいでしょう。

　さきほどの *Hello There!* の紙面作りとはちょうど逆で、下に引用する日本語文が左のページに、その英訳が右ページに載っていますが、ここでは日本語文だけを引用します。まずは読んでください。なお、原文は一部の漢字にふりがなが振ってあります。

第四課　何時に　おきますか
Dialogue
(Yamashita and Suzuki, two acquaintances, meet on the street and talk while walking to the station.)

山下：おはようございます。
鈴木：おはようございます。きょうは　いい　天気ですね。
山下：そうですね。
鈴木：山下さんは　あさ　何時に　おきますか。
山下：七時に　おきます。
鈴木：はやいですね。わたしは　八時ごろ　おきます。よるは　何時ごろ　ねますか。
山下：十一時ごろ　ねます。

鈴木：会社は　何時に　はじまりますか。
山下：九時に　はじまります。
鈴木：何時ごろ　おわりますか。
山下：六時ごろです。
鈴木：その　あと　すぐ　うちへ　かえりますか。

山下：いいえ。たいてい　喫茶店で　コーヒーを　のみます。　ときどき　映画を　みます。
鈴木：今晩は　なにを　しますか。
山下：まだ　わかりません。

鈴木：毎日　会社へ　いきますか。
山下：ええ。
鈴木：土曜日にも　いきますか。
山下：いいえ、いきません。　土曜日は　やすみです。
鈴木：あ、もう　駅ですね。　ここで　失礼します。
山下：さようなら。
　　　　　　　　　　　　　　　　　　　　——資料⑩

　どうですか、奇妙だと感じませんでしたか？　教科書というだけで思考停止に陥ってはいけません。教科書の文章も、いつもの読書として読むと腹を抱えて笑えるのではありませんか？　いちいちは挙げませんが、わたしがとくに奇妙だと思うのは、鈴木さんの根掘り葉掘りの聞き方、しかも会話を発展させることなく、次々に事実だけを聞く奇妙さ、そして山下さんの従順さです。わたしだったら「余計なお世話だ！」と腹が立つことでも、山下さんは超人的忍耐あるいはロボット的無感動さできちんと答えています。そしてその結末が鈴木さんの「あ、もう　駅ですね。ここで失礼します」……何をかいわんや。

またしても……孤立した文の寄せ集め
　Hello There! とまったく同じで、二人の間で「会話」は成

り立っていません。また二人がこれまでどういう関係なのか、なぜ質問し、なぜ答えるのか、この会話で二人の関係はこれからどう発展するのか、読者にはわかりません。ほとんどギャグとしか考えられないやりとりですが、先ほどの「文法、語法の提示」という点からは意味があるのでしょう。つまりこの課で大事なのは「いつ……します（か？）」という問いとその答えの作り方なのです。例文に「します形」、「しますか形」をいくつ詰めこむかだけを考えて書かれた「会話」なのでしょう。基本的には「会話」ではなく、孤立した文を例文として並べたものと同じです。日本の英語教育の古き悪しき伝統をそのまま日本語教育に持ちこんだといえるでしょう。特定の文法、語法を教えるために孤立した文をいくら集めても、人間は現れてこないし、世界は作られないし、物語は紡がれないのです。したがって、覚えようにも頭にひっかからない、心に残らない……。

「禿の女歌手」

　実は外国語の教科書の奇妙さについては、ルーマニア生まれでフランス語の劇作家ウジェーヌ・イヨネスコが「禿の女歌手」や「授業」という劇で鮮やかに描いています。はじめてイヨネスコの戯曲を読んだのは大学生のときでしたが、その見事な切り口に唖然とし、ワクワクしたのを覚えています。

　戯曲が書かれたのは1950年ごろで、イヨネスコは英語を習いに行って、教室のやりとりがあまりにナンセンスなのに衝撃を受けて「禿の女歌手」を書いたのだそうです。それから半世紀以上たちますが、外国語の学習も世の中のあらゆる

ことと同じで、変われば変わるほど同じなのですね。

　イヨネスコとそっくりの外国語学習批判は20年以上前に、一橋大学で英語を教えていたあるアメリカ人講師からも聞いたことがあります。その人は半ばあきれたという風にわたしに言いました。「なんで日本人の学生は切れ切れの質問しかしないのか？「生まれは？」とたずねたかと思うと、すぐに「趣味は？」とか、「クラブは？」とか、質問を変える。あれでは相手の答えに関心がないと言っていることになる」と不満をぶちまけたのです。山下さんと鈴木さんの「会話」と同じですね。そういえばNHKの語学番組につきものの白々しさも、そっくり同じだという気がします。まことに、時代も所も、変われば変わるほど同じ、というほかはありません。

言葉はなんのためにある？

　イヨネスコが喝破し、一橋大学のアメリカ人講師が憤慨し、わたしが例に挙げたように、外国語学習はこれまで常に不条理なものでした。その不条理さはつまるところ「言葉は何のためにあるのか？」という根本的な疑問を呼び出します。浩とメアリーのあいだで言葉は何の役に立っているのか？　山下さんと鈴木さんそれぞれの一日はこの会話でどう変わるのか？

　イヨネスコは言葉を使った戯曲を書きながら、言葉は本当にコミュニケーションのためにあるのだろうかと疑いました。当時はいわゆる不条理演劇の時代で、ノーベル文学賞を受賞したサミュエル・ベケットやハロルド・ピンターも、イヨネスコと同じく、自分たちが使っている伝達手段の伝達可能性

を疑ったのでした。この疑問が根本的だったからこそノーベル賞を受賞したのでしょうが、日本の語学教科書も「言葉は何のためにあるのか？」という疑問を喚起しかねない根本的不条理さを抱えていると言っていいでしょう。文部科学省は検定教科書という不条理文学でノーベル賞を狙っているのかもしれません。

まとめ：文部科学省に別れを告げて

さて、本章では日本英語の源を学校英語と仮定した上で、学校英語の土台であり日本英語の背骨である検定教科書を見てきました。わたしたちの樽には英語という水は溜まっていないこと、溜まっているとしてもほんのわずかな腐った水が淀んでいるだけだということが明らかになったと思います。量と質の貧しさの原因は「英語を日本語を通して理解すること」と「英語を孤立した文を通して理解すること」です。

そしてこの二つは文部科学省の指導要領の問題点でもあります。最後に、文部科学省の方針そのものの不条理さをいくつか指摘しておきましょう。

指導要領は：

* 中学高校の6年間で眼と耳から触れるべき英文の量を提案していない。
* 英語を日本語を介して理解させている。
* 基本的に孤立した文を通して理解させている。
* 依然として文法を中心に据え、5文型を基本としている。
* 4技能に分ける愚を犯している（もしどうしても分ける

なら「話し言葉・書き言葉」)。

なお、本書では詳述できませんが、指導要領がボトム・アップ（細部からの積み上げ）だけをめざして、トップ・ダウン（全体から細部へ）をまったく意識していないこと、それに伴って、外国語習得ではかならず話題となる accuracy 対 fluency つまり「正しさとよどみなさのどちらを優先するか」についてもまったく意識していないことは非常に大きな問題です。指導要領では「正しい」「正しく」がキーワードなのです。

政策は：
* 吸収量が乏しくて出てくるものがないこどもたちに、コミュニケーション重視といって、話せ、書けと無理強いしている。
* １クラスの生徒数が多すぎるのに、改善しない。
* 文法訳読からオーラル・コミュニケーションへと方針の大転換をしながら、先生に十分な研修をしていない。

存在意義は：
* 教科書検定制度の愚
そもそも検定制度そのものが「愚」だとわたしは考えますが、それは別の話題として、英語についてだけ考えても、英語圏には外国人に向けた英語の指導に長い実績があり、検定教科書など足元にも及ばない「非検定教科書」がたくさんあります。にもかかわらず教科書検定制

度があるために、ごく一部の私立校をのぞいて、まったく利用されていません。
* こどもたちを「人材」と見る愚
 文部科学省は「人材」という言葉をしきりに使います。これは文部科学省が人間を（おそらく経済発展の）材料としか見ていないことを表していると考えられます。

さて、文部科学省批判を広げすぎました。翻って検定教科書の話題に戻せば、存在意義や政策から考えなおさなくてはならないとすると、検定教科書の改善には何年かかるかわかりません。というのは障碍が山ほどあるからです。たとえば既存の教科書会社の利害、天下り関係、教科書マニュアルに頼る先生方、日本人の中にあるお上信仰などです。

もし、読者のみなさんが英語にかぎらず外国語を獲得しようと考えたら、文科省とはまったく関係のないところで行動するに限ります。たいして面倒なことではありません。すなわち、辞書を捨て、文法を忘れ、日本語を通さずにやさしい原文素材を大量に吸収し、大量に作り出すことです。あたかもこどもが母語を獲得するように！

第2部で、日本英語の愚をこどもにならった大量吸収でどう克服するかをお話ししましょう。

第2部 解決篇

　第1部で日本英語の勘違いを見ました。幕間ではその一つの原因が文部科学省の指導要領にある可能性を瞥見しました。ここまで書いたことが妥当だとして、ではわたしたちはどうすればいいのでしょうか？　日本英語の勘違いを一つ一つ検討して修正する道も考えられないではありませんが、おそらく時間と手間がかかりすぎます。

　いっそ学校で習った単語も文法もすっかり忘れて、白紙から出直すことにしてはどうでしょう？　そのために第2部ではまず検定教科書にくらべて多読用図書がどれほど「活き」がよいかを見ます。それからそうした活きのよい「物語」をたくさん吸収することで豊かな言葉を獲得した人たちの例を見ます。そして最後に「物語の力」を仮定することで、おなじことがだれにでも起こり得る可能性についてお話しします。

第7章　絵からはじまる

――澄んだ水をたっぷり

「幕間キョーゲン」では検定教科書を通して日本英語の不自然さを確かめました。本章では、それにくらべてイギリスの小学校で使われている絵本がどれほど生き生きとしているかを確かめます。そうした絵本を「英語のまま理解」し、「物語として楽しむ」ことが学校英語を洗い流し、より自然な英語の獲得を助けます。その様子を見ていきましょう。

§1　絵本で日本英語の欠陥を越える――*A Cat in the Tree*の場合

第1部では学校文法を見ました。「幕間キョーゲン」では日本の学校やラジオ講座で使われている教科書を見ました。それによって日本英語には大きな欠陥があることを示せたとしましょう。特に奇妙だったのは孤立した文を連ねて作り上げた教科書でした。いくら読んでも、人間関係が見えてきません。周りの世界が想像できません。そして、物語が展開しません。

では、たとえば英語国の学級文庫にある絵本はどうでしょう？　日本の教科書とはまったくちがいます。表紙をめくる

とその本の世界が開き、物語が展開しはじめます。こどもや犬や家族が動きはじめます。その世界に浸り、物語を楽しむうちに、言葉は世界と物語と一体になってわたしたちの心に染みこんでいくように感じられます。

その様子をあるイギリスの絵本で、1ページずつ見てみましょう。現実の英語の豊かさが納得できるだけでなく、日本英語の貧しさが浮き彫りになるはずです。

© Oxford University Press 1986

これが表紙です。イギリスのオックスフォード大学出版局が出している Oxford Reading Tree というシリーズの1冊です。郊外の小さな町に住む5人と1匹の家族と、その周りの家族の日常が描かれます。世界中で非常に人気のあるシリーズで、日本でも多読が広まるとともにたくさんの人の目に触れるようになってきました。300冊もあるシリーズのこの1冊だけでどれほど日本英語の常識が覆されるか、楽しみにしてください。

何かおかしくないか？

　日本英語の常識で英文和訳しようとすると、まずこの表紙からしておかしくありませんか？　そうですね。日本語では「木の上にいる」と表現するはずなのに、in the tree となっています。in が「中に」ではないのか、それとも tree の捉え方が日本語と違うのでしょうか？　いずれにせよ、in を「中に」、tree を「木」と機械的に一対一対応させて「木の中の1匹のネコ」などと和訳すると、木の幹にネコが埋まって出てこられないように聞こえます。逆に a cat on the tree としたら、木の幹に猫の絵が貼り付けてあるかのようです！いきなり日本英語の常識を疑わせる表紙です。

　けれども「in＝中に」という対応を知らずに読み聞かせしてもらったこどもは、こういう風にネコが木の「上」にいるときは in the tree と言うのだと吸収することでしょう。

Floppy barked at a cat. The cat ran up a tree.

この左の場面についてはとくにいうことはありません。犬の名前は Floppy というらしいことと、場所は公園のようだということだけ確認しておきましょうか。

Biff was cross with Floppy.　　　　Wilma climbed on the wall.

　cross という言葉は知っていましたか？　普通は、大学生でも「十字架」あるいは「横切る」という訳語しか思いつきません。ところがここではどちらでもなさそうです。大学生も知らない語が就学前のこども向けの絵本に使われていることになる！　けれどもこの場面の cross の役割は英語国の日常生活ではいちばんよく使われる役割でしょう。でもどういう意味で使われているかは、いまは言わないことにしましょう。

wall は「壁」?

　ここではむしろ右のページの wall に注目しましょう。Wilma が登っているのは wall ですが、これは「壁」でしょ

第7章　絵からはじまる　231

うか？　いえ、普通は「塀」といいませんか？　そうです。「wall＝壁」という日本英語の一対一対応もまたまちがいなのですね。普通、壁は建物に付属すると考えられます。それに対して wall は建物に付属していなくてもいいのですね。この絵の wall は公園を囲んでいるようです。やはり「塀」でしょう。学校英語は日本語訳を中心に展開しますが、日本語に訳すときの「単語の一対一対応」に問題があることがうかがわれます。

get ってどういう意味？

　ネコは高いところに登って降りられなくなることがよくあります。Wilma は親切にも木に登ってネコを助けようとしますが、もう一息届きません。そこで get が使われています。

Wilma climbed up the tree.　　She couldn't get the cat.

同じ get が、すぐ次のページではまったく違う役割で使われるので、次の絵を見て考えましょう。

> Wilma couldn't get down. Wilma's dad was cross.

さっきはネコを「捕まえる」ことができない状況で couldn't get でしたが、今度は木を「降りる」ことができない状況で get が使われています。いったい get はどういう役割なのでしょう？ 英和辞典を使って「得る」などと一対一対応で覚えていると、二つの get の役割を捉えきれずにお手上げ状態になります。次のコラムで種明かしをしますが、お手上げ状態にならないためには get が使われる場面をたくさん見るにかぎります。そのうちなにも考えずにしかるべき場面で get を使えるようになります。

コラム　getの意味をゲット！
　　　　ついでにcatchの意味をキャッチ!!
　わたしはこれまで一体何度 get に出会ったのでしょう？ とても数えることはできませんが、おそらく何千

回、ひょっとすると何万回も出会っているかもしれません。そのせいか知らないうちにgetについて、核となる役割がわかってきたような気がします。いまのところの理解では、getは「(綱をたぐるようにして) 手元に引き寄せて自分のものにする」ことを表現するもののようです(あと何万回か出会ううちにこの考えは変わるかもしれません)。

うまく木の上のネコを引き寄せられれば「捕まえる」という状況を表現できます。また、不動の目的地 (木の下の地面) につながった架空の綱をたぐり寄せると、地球へ向かって自分をたぐり寄せることになります。逆に表現すれば、「下へ降りていく」わけです。「たぐるようにして (つまり努力と時間をかけて) 言葉の意味を手に入れる」とGotcha、つまりI got you.「お前の言うことがわかったよ」という使い方になります。さらに「違う状態」を手元に引き寄せてしまうこともあります。気持ちの状態であればI got mad. とか、ある時間をかけて身体の状態を引き寄せたのであればHe's gotten so tall in the last few months, hasn't he? などという表現になります。

では、catchはどういうときに使うのでしょう？ ネコを捕まえる場面でcatchは使えないのでしょうか？ 絵本のあの状況を日本語で表現したら、まちがいなく「ネコを捕まえられなかった」という言い方になるでしょう。ではgetではなく、catchも使えるのでしょうか？

おそらく使えません。いまのわたしの理解では、catch は「（動くものあるいは動くかもしれないものを）つかまえる」場合に使われると考えています。ボールやチョウチョやトンボや足の速い情報を catch することはあっても、じっと動かない「椅子を取って」というときに catch は変だということになります。*A Cat in the Tree* の場面ではネコは動けなくなっているという想定なので、catch は使えないのだと思われます。

　一方、日本語の「つかまえる」はこの場合のネコのように「動けないけれども本来は動くもの」にも使えるようです。微妙な差なので、まだまだこれからたくさんの例に出会わなければこれ以上詳しいことはいえません。いずれにせよ一対一対応で「catch＝つかまえる」と覚えると、絵本のこの場面を couldn't catch the cat と表現してしまうかもしれませんね。

　それから、この見開きにはまた cross が使われています。おとうさんの表情をよく見てください。231 ページの Biff was cross with Floppy. の絵をもう一度見てください。おなじ表情をしています。これで cross の使われ方に一歩近づきました（けれどもくれぐれも「お勉強」はやめましょう。せっかくの絵本です。ただ、絵をおもしろがって、物語を楽しんでください。本も絵本も言葉と場面がぴったり結びついているので、わざわざ覚えようとしなくても、無意識のうちに頭に残るはずです）。

「立てかける」って、なんて言うの？

He put the ladder up.　　　　Wilma climbed down.

　Wilma のおとうさんがはしごを持ってきて助けてくれるのですが、第一、「はしごを立てかける」を put the ladder up と書いてあることが新鮮ではありませんか？　一語ずつ和訳しようとすると「はしごは ladder だっけ？　でも、「立てかける」ってなんていうんだろう？」ということになります。またしてもお手上げです。そのときに「立てる」と「かける」を別々に和英辞典で引いたら泥沼です。一語一語訳すのではなく、絵本の中にはいりこんで、「はしごを立てかけた場面」と He put the ladder up. という文を一緒に見ていればいいのです。いつかきっと「はしごを立てかける」といいたいときには無意識のうちにこの絵を思い出して、put a ladder up と口をついて出ることでしょう。実際そういうことが起きた例は次の章で紹介します。

climb は「登る」?

　ここまででも、学校英語の常識がいろいろ覆されました。けれども、ほとんどの人には、この場面の右側のページがいちばんの衝撃のはずです。climb の意味を聞かれたら、たいていの人は「登る」だと反射的に答えるでしょう。でも、はしごを「降りてくる」途中の Wilma は climbed down と表現されています。これはどういうことでしょう？　climb が「登る」なら、climb down は「下へ登る」ということになりますね？　climb はわたしが永年悩んできた語で、その一応の解決は次のコラムを読んでください。

　永年悩んだのはわたしの頭の中に「climb＝登る」という一対一対応があったからです。そんなものがなければ話は簡単だったはずです。たとえばこの絵本を読めば、はしごを降りるときは climb down、木なら climb や climbed up、塀の時は climbed on といった組み合わせが吸収されます。ほかのところではもっとさまざまなものに climb する様子が出てくるでしょう。その中には「登る」ではない例がたくさんあります。どういう状況の時に climb が使われるのか、その実例を体の中にたくさん溜めればいいのです。

　さて、次ではすでに何度も出てきた表現が繰り返されていますね。このあたりがイギリスの副読本のすばらしいところです。実に入念に新しい表現や語や状況が導入され、繰り返されています。しかもその物語全体がこどもたちが十分に(そしてときにはおとなも)楽しめるように工夫されているのです。

Wilma's dad climbed the tree.　　　　　He couldn't get the cat.

コラム　水平移動の climb を求めて……

　climb が「登る」ではないことはこの絵本を見る前から知っていました。そしてたくさん出会った climb の例から、climb が「両手両足を使って上下に移動する」という意味らしいという見当はついていました。にもかかわらず日本英語では「climb＝登る」が常識になっているのは、両手両足を使わなければならないのは地球の引力に逆らって上に移動する場合が多いからでしょう。下に移動するときはよほど急な下りでない限り手は使いません。

　数年前までにわたしの見た例はすべてこの定義で間に合うものばかりでした。ところがかつて私は辞書少年、文法青年だったので、これだけではおさまりませんでし

た。上下以外に「水平に移動する」ときに climb を使うかどうかを知りたくなり、何年間も例を探しました。

ついにはインターネット上の掲示板で多読を実践している人たちに協力を呼びかけることにしました。「登る」という意味ではないところで climb が使われている例を報告してほしいとお願いしたのです。すると、climb のとてもおもしろい側面が報告されました。ある人が climb が一番使われるのは車に乗るときだというのです。そういえばそうです。たしかに車に乗るときは「両手両足」を使います。たくさんの英語を吸収していると予期せぬ知見が得られるものだという例です。

けれども climb を水平移動に使った例は報告がありませんでした。

しかし、犬も歩けば棒に当たる……、つい最近、見つかったのです。Michael Connelly のハードボイルド小説の中で、主人公のハウスボートに客が泊まる場面で使われていたのです。客にベッドを譲った主人公は床に寝袋を敷いて、その中に climb into したのです！ 床の上ですから移動方向は完全に水平です。climb の定義から「上下に」の部分は省いてよいことになります。いまの定義は「両手両足を使って困難な場所を移動する」です。

もっとたくさんの例に出会ったら、また変更する必要があるかもしれませんが、「言葉オタク」を自称するわたしにはそれもまた大きな楽しみなのです。

stuck で詰まる

なんと、おとうさんもネコをたすけられませんでした。おとなが失敗するのを見て、読み聞かせしてもらっているこどもたちが大喜びする場面です。しかもネコは助けなどお構いなしに降りてしまいます。

Wilma's dad was stuck.　　　　　The cat jumped down.

stuck という言葉に注目しましょう。知らない人が多いはずです。意味はと聞かれたら答えに詰まるはずです。けれども日常生活では毎日なにかしらが stuck という状態になります。そういう意味では非常に大事な語です。ただし大事な語だと意識してお勉強する必要はありません。さきほどの cross も、get も、climb もそうです。毎日の暮らしの中でよく使う言葉はいろいろな本や映画に何度も出てきますから、覚えようとしなくても頭に入ってしまいます。それを「吸収」というわけです。そういう「状況と結びついた表現」を

たくさん吸収すると、樽から溢れるように言葉が口から手から出てくると考えられます。

それはごく自然に起こることです。なんの苦労もないはずです。それに対して無理やり「横切る」や「得る」や「登る」と覚えてしまうと、自然な英語に触れたときに頭がにっちもさっちも行かなくなります。そして訳語を洗い流すにはとてつもない時間がかかります。まして辞書の訳語を「正しい」と思っていると、あらゆる英文をその「正しい」訳語でねじまげて理解することになります。学校の英語の時間はできれば耳をふさいでいた方がいいという所以です。

The fireman put a ladder up.　　Wilma's dad climbed down.

stuck したおとうさんを助けに、とうとう消防車の出動です。おとうさんの困った顔を見てください。いつもおとなに叱られているこどもたちは、おとうさんの表情を見て溜飲を下げるのではないでしょうか？ put a ladder up、climbed down がまた出てきましたね。こうやってじっくり絵を見な

がら楽しんでいくだけで、たくさんの場面とそこで使われる言葉が体に入ってきます。絵本はなんと栄養豊富な素材でしょうか！

"Oh no!" said everyone.

　消防車まで出動する大騒ぎがやっと落ち着いたと思ったら！　なんてこった‼

　こうしたこども向けの絵本はどんなに薄くても一つの物語になっています。はじまりがあり、展開があり、結末がつきます。ほのかな落ちがかならずついています。絵がたくさんのことを語ってくれます。言葉はよく練られていて、その場面にぴったりです。たとえばこどものいる家では Oh, no! と言いたくなる場面が毎日何度も起きます。このシリーズでも Oh, no! は何度も何度も出てきます。こどものいる家庭はいつも何かが stuck して Oh, no! と叫んで cross の表情になるものです。それを思い出しながら、こどももおとなも絵と結

びついた表現を吸収していくのです。

「お勉強」を勧めているわけではない！

このように日本英語の勘違いを指摘しながら絵本を見ていくと、ずいぶん「勉強」になります。けれども先ほども書いたように、「お勉強」を勧めているわけではありません。*A Cat in the Tree* を見ながら勉強になる点を確認してきましたが、それは日本英語の欠陥を露わにするためでした。絵本を読むときにこうした項目をチェックしながら読むことを勧めるわけではありません。こうした項目が知らず知らずに体に吸収されますよ、ということです。

けれどもお勉強好きな人はいるものです。わたしが上のように in も、wall も、cross も、get も、climb も、日本英語の理解は実際の役に立たないことを説明すると、たいていの人が喜びます。常識がひっくり返されるのは気持ちのよいものです。肩の凝りをほぐしてもらったような気分になるのでしょう。お勉強好きな人はそこですかさず「そういう例をほかにも教えてください」といいます。

まとめ：そっくり捨てて、頭のすすぎ洗いを

けれどもわたしは「それは不可能です」と答えます。ほかにも山ほど、日本英語の勘違いはあります。けれども日本英語の勘違いを逐一挙げていったら、ほとんど無限の時間がかかります。それよりは学校英語をそっくり捨ててしまいましょう。それから自然な英語を注ぎ込んで、頭のすすぎ洗いをします。頭にこびりついた学校英語がすっかりとれてさっぱ

りすると自然な英語がたっぷり吸収されます。結局その方が早いはずです。それに爽やかです。次の章ではそんな風に自然な英語をたっぷり浴びると、どれほど見事に英語が吸収できるか、どんな英語が溢れるか、実例で確かめましょう。

第8章　物語を注ぐ、物語が溢れる
——生きた実例

　『どうして英語が使えない？　学校英語につける薬』でも書いたことですが、英和辞典に載った英単語とその訳語のあいだには常にずれがあり、それをすべて指摘しようとすると事実上無限の時間がかかってしまいます。本書第1部で書いたように、日本英語は文法についても数限りない勘違いをしており、その一つ一つを修正していくと、きりがありません。そこで、よどんだ水のような日本英語をばしゃっと捨てて、樽の内側をよく磨いて、さっぱりと空になったところへ質のよい水を溜めていくことを提案します。

　せっかく溜めた知識を捨てるのは惜しいという気持ちはわかります。そうした知識の中には、制限用法や非制限用法や先行詞、不定詞の副詞的用法の数々、動名詞と現在分詞の見分け方、5文型、the をつける場合の数々、be to の四つの用法などがあることでしょう。あれほどの時間と集中力で覚えた文法項目、英単語の知識をすべて捨てる……もったいないという気持ちはわかります。何年、何十年もの蓄積ですから捨てたくないのは無理ないことです。けれども一切合切たわしでごしごしと洗い流してしまいましょう。清水の舞台か

らとびおりるように……

見る前に跳べ

Look before you leap.——着地点をよく確かめてから跳びたいのは人情です。けれども W.H. Auden というイギリスの現代詩人は Leap before you look. と言いました。「見ていたら跳べないぞ」というわけです。過去の蓄積は事実上あなたに何ももたらさなかった。だから捨てましょう。そして目の前の大きな溝には眼をつぶりましょう。

用意ができたら本章の実例があなたの背中をドンと押します。つまり辞書や文法によらずにゼロから英語を吸収して、ついには溢れた例をいくつか紹介します。その「成果」と「達成までの時間の短さ」は衝撃的なはずです。思い切り跳躍する勇気をくれるかもしれません。

---

§1 樽が溢れた！ 大量吸収の実例集

わたしは大量吸収の現実的方法として長い間多読を提案してきました。けれどもはじめの20年近くはうまく行きませんでした。うまく行くようになったのは2001年ごろに多読三原則を思いついてからのことです。その経緯については『快読100万語！ ペーパーバックへの道』をご覧ください。

2001年の11月に多読を広めるための掲示板がはじまり、2002年6月に同書を出版して、その夏ごろから少しずつ多読が広がりはじめました。思いがけない反響と成果に驚きました。たとえば最初の100万語読了報告は掲示板開始後3カ

月で現れました。予想では1年はかかるだろうと思っていたのです。また掲示板開設後1年半くらいたった頃、多読だけでリスニングが楽になったという報告がありました。これもはじめは信じられませんでした。ところがその後似たような報告が相次ぎ、いまはわたしも事実だと確信しています。また、100万語すべてを音読した人も現れました。さらに、30万語読了したころから書くことが楽になったという報告もあります。あとで紹介しますが、350万語読んだところで話せるようになったという報告さえ出てきました。

その後5年以上経ったいまも、ほとんど毎週のようにわたしを驚かせる報告があります。物語を書きはじめた人、好きな作品の著者にメールを書いた人、米国東部の名門大学で2年間の研究生活を送った人、1日10時間も英語を話す仕事を楽々とできるようになった人……。そして本原稿執筆時の最新の驚きは英語で詩を書く人が現れたことでしょう。「多読」というたった2文字からなんというさまざまな展開が起きつつあることか！ 見方によっては「パンドラの筐(はこ)」をあけた直後のような状況が6年間ずっと続いているのです。

比較的初期に多読の大きな可能性を予感させたのは、「リボン」さん（インターネット掲示板上の愛称）についての報告でした。多読と多聴でたくさんの英語を吸収するとどういうことが起きるか——その一つの典型として紹介します。

リボンさん（小学3年生）の場合——溢れるまでの期間：半年

リボンさんのお母さんは2003年の1月に、当時小学校2年生だったリボンさんに絵本の読み聞かせをはじめました。

読み聞かせた絵本は第7章で挿絵つきで紹介した Oxford Reading Tree シリーズのいちばんやさしいレベルからでした。そして6カ月近く経った小学校3年生の6月に、次のような英文が口から溢れたのです。

そのときのお母さんの掲示板報告をそのまま再掲します。

　娘と今は Stage 5 を中心によんでいますが、
Stage 1 に英文をつけたりもしています。

今日は、こんな感じでした。
(文法的には、まちがっているところもそのままにしています。)

The Lost Teddy

They went down the train.
But, Kipper couldn't see Teddy.
They walked. Kipper saw don't Teddy.
Oh, No. said Kipper.
Teddy is gone! shouted Kipper.
Kipper went home. Kipper is sad. Kipper is crying.
Biff and Chip gave some dolls.
But, Kipper cried and cried.
They went shopping. Kipper is sad.
Mum found the Bear's box.
Oh, this is my teddy! said Kipper.

Thank you, said Kipper. Thank you, said Mum too.

ここの Stage までにでてきた表現を使って、組み立てているのがよくわかります。とても簡単な文章ばかりですが、これぐらい言えるようになると、今英語圏に連れて行っても、なんとかサバイバル出来そうな気がします。

　これは驚くべき溢れ方といえます。読み聞かせてもらった語数はおそらく10万語前後ではないかと思います（1月から6月までに100日間、1日平均30分、1分間に平均30語でゆっくり読み聞かせたとします）。期間は半年間、吸収量は数万語で樽が溢れ、自分から物語を語ることができるようになったわけです。
　三つのことに注目しましょう。

その1：日英の時間表現
　一つは小さなことです。Kipper is sad. Kipper is crying. というところで、Kipper の様子を is で表現しています。普通は Kipper was sad. Kipper was crying. または Kipper cried. ですね。これは本書第3章で書いた日本語の時間表現が英語に干渉しているのかもしれません。ほかにもいくつか「文法のまちがい」があります。リボンさんのような発話例がたくさん集まると、多読・多聴による英語獲得の最終段階で日本語話者はどのような「文法規則」に気をつければ「幼稚な」まちがいを抜け出せるかがわかってくるはずです（それが日本語話者が学ぶべき英語の作法です。292 ページ

の「コラム GⅠ、GⅡ、GⅢ」参照)。それに対してKipper saw don't teddy. は英語話者のこどもも間違えそうな気がします。

わたしは『快読100万語！ ペーパーバックへの道』のあとがきで、日本語話者が多読によって英語の「文法」をどんな風に獲得していくのか、まだわかっていないと書きました。ここでいう文法とは、日本語にない「単数複数の表現」、「日本語の（どちらかというと）相対的な時間表現に対して英語の（どちらかというと）絶対的な時間表現」、「物事を一般的に捉える日本語に対して、英語は具体的に捉える傾向」などです。日本英語は細部にばかりこだわって、そうした根本的な違いには気づいていませんでした。いや、そうしたことが本当に「根本的」なのかどうかさえ、まだわかっていません。

けれどもこれからは違います。こどもたちが日本語や文法を介さずに英語を吸収するようになると、日英両語は裸の衝突をすることになります。そこで何がどの段階ではじかれ、何がいつ受け容れられるかといった実態が少しずつわかっていくことでしょう（これまで「学習者の間違い」とされてきたことは、実は「学校英語の間違い」だったと言えます）。

その2：決まり文句の活用

もう一つはそれよりも遥かに重要なことで、お母さんの結論にある「ここのStage〔Stage 5〕までにでてきた表現を使って、組み立てている」ことです。リボンさんは絵本を読み聞かせてもらいながら、絵に描かれた場面と、そこで使われる「決まり文句」を頭と心に染みこませていったのでしょ

う。中でもわたしが感心したのは Kipper cried and cried. です。わたしにはこれは言えません。おそらく Kipper cried hard. と言ってしまうでしょう。強調のために動詞を重ねるこどもらしい表現は思いもよらないものです。場面とそこで使われる「決まり文句」の組み合わせが体に染みこむこと、それが言葉の獲得の第一歩だろうと思います。リボンさんの口から出た英語はそのことを見事に表していると言えます。

コラム　その後のリボンさん

　リボンさんはその後も読み聞かせをしてもらいながら、次第に一人で英語の本を読むようになりました（お母さんの読み聞かせは遅い！と文句を言ったそうです）。そして、はじめてから1年半くらいで、リボンさんは英語国の同年齢のこどもが読む本を楽しむようになりました。お気に入りは Judy Blume というアメリカの人気作家が書いた Fudge シリーズでした。そして小学校5年になって近くの英語教室に行ったところ、外国人の先生はリボンさんの英語に驚いて、さっそく多読と読み聞かせを教室に取りいれることにしたそうです。

　とはいうものの、リボンさんのお母さんはよくできた人です。決して「英語子育て」をめざすようなことはしませんでした。小学校高学年になると、リボンさんは次第に英語から離れて、日本語の読書に向かいましたが、お母さんは無理やり英語を読ませたりしませんでした。けれども2007年4月に中学1年生になると、英語の授

業がはじまって、リボンさんは刺激を受けたのか、朝読書に英語の本を読みはじめたそうです。2007年秋にはちょうど中学生くらいを読者とする *Holes*（Louis Sachar 著）を読んでいます。また英語で話しかけると、ごく自然に英語で応答が返ってきます。そこには緊張や逡巡は微塵も感じられません。

その3：読み聞かせのすばらしさ

そして最後にもっとも重要なことはリボンさんのお母さんがずっと読み聞かせを続けたことです。日本語の絵本を読んだこともあったそうです。お母さんあるいはリボンさんあるいは両方が疲れて読み聞かせなしで寝たこともあったでしょう。いずれにせよ、リボンさんとお母さんがじっくり絵本を堪能したことこそ、リボンさんの驚くべき「溢れ方」の最大の理由ではないかとわたしは考えています。

何歳になっても、読み聞かせてもらうのは気持ちのよいものです。自分のことを大切に思ってくれる人に寄り添って読み聞かせをしてもらうと、心地よくて、なんでもそのまま受け容れる気持ちになるようです。それは心が開ききった魔法の時間です。大切な人の声が心躍る物語を語ってくれる……言葉の吸収にこれほどすばらしい方法はないと思われます。

大切に思ってくれる人は親だけではありません。おじさんでもおばさんでも、生徒を大切に考える児童英語教室の先生でもおなじことが起きます。ある先生は日本でもよく知られているレイモンド・ブリッグスの *The Snowman* を数人の

小学生に読み聞かせていました。元の絵本は文字が一切ありませんが、アメリカで出ている段階別絵本には *The Snowman* にごく簡単な文をつけたものがあります。

　男の子が夜中にふと目を覚まして庭を見ると、昼間降り始めた雪で作った雪だるまが庭を歩き回っています。男の子は外へ飛び出していって、雪だるまを家に入れます。家の中を見学（？）した雪だるまは今度は男の子を外に連れ出して、一緒に雪の空に舞い上がります。

　その場面で、読み聞かせをしてもらっていた小学校低学年のKくんは立ち上がって、両手を広げて「Kくんも入ったよ！」と叫んだのだそうです。Kくんも絵本の中の男の子のように雪だるまと一緒に空中に舞い上がったのでしょう。それが絵本の力、読み聞かせの力、物語の力だと思われます。

吸収とは？

　わたしはこの本で何度も「吸収」という言葉を繰り返してきました。吸収は、Kくんのような経験とともに起こるのだと考えられます。Kくんも、リボンさんも、読み聞かせをしてもらっているときに、聞こえてくる言葉が英語とか日本語とかいったことは意識していなかったでしょう。ただ、物語の中に入って主人公と一つの気持ちになったのでしょう。言葉を言葉として意識しないときにこそ言葉はいちばんよく吸収されるのかもしれません。言葉は透明になって、言葉の描き出すものだけが鮮明に訴えてくる——それが言葉を本当に理解することであり、本を楽しむことなのかもしれません（いわば言葉の自己犠牲でしょうか？　言葉はいわば人魚姫

になって、内容という王子の幸せを祈る？　言葉が伝えている感動なのに、言葉は忘れられて本望というわけです。詩はちがいます。詩は言葉が言葉自身の美しさを主張する）。

逆に、英語を言葉として意識すると、吸収が悪くなる可能性があります。言葉を意識すると、言葉は読者と内容の間に割りこんできて、内容を楽しむ邪魔をするようです。たとえば、本を読みながら単語のことや文法のことを考えると、その瞬間、内容から遠ざかってしまいます。日本語訳したり分析したりすれば、もう物語には戻れないほど遠くなってしまうでしょう。原文の流れはとぎれとぎれになり、さきほどの男の子のように全身で物語に入りこむことはむずかしくなると思われます。

Oさん（中学3年生）の場合——溢れるまでの期間：2年半

Oさんが英語で書いた魔女の物語の最初を見てください。「間違い」もそのままにしてあります。

Chapter 1　The Wizards Family

One day, in the morning, Nellie was looking for something.

"Where is that?" She said, scratching her bushy hair. "Where is my pointed hat?" She pulled out her branket, pillow, and her sheets. On her bed, there was nothing.

"bother" she groaned. "I'll late for the breakfast, again."

She sat on the bed, scratching her hair crossly.

Last night, the pointed hat was on the carpet. Nellie always ready her clothes on the floor. This morning, she saw her dress, wand, and socks there, but her pointed hat disappeared.

"I didn't touch my hat last night." she thought.

"I'm sure the pointed hat is in this room, and ..."

"Nellie!" While she was thinking, she heard loud voice from the garden. It was her mother, Berra's voice.

Nellie opened the window. She could see her mother who was showing her a big fry-pan.

"The breakfast is ready! Come down here!" she called loudly.

"all right!" Nellie replied, and added, "... but I'll find my hat before." so, she was still at her room and began to look for the hat again.

"Neeeeeeelliieeeeeeeeeeei!!"

Nellie jumpd up. someone called her, very very loudry.

She looked out of the window. Mrs Barbala Newtsbone, the housekeeper stood on the garden.

リボンさんの語った英文やOさんの書いた物語を読むと、第6章で見た検定教科書の英文など足下にも及ばないことがわかります。そもそもリボンさんやOさんの文章には「伝えたい」という気持ちがあります。教科書はどれを見ても、

何かを「伝えたい」という気持ちは伝わってきません。語彙や文法を教えこみつつ、(環境や福祉、多文化といった)流行の社会的メッセージを義務的にとりあげているだけのように見えます。こどもたちに「外国語の文章が読めてうれしい」と思わせるものがありません。それは作っている人たちがこどものころ英語をはじめて習ったときの「うれしさ」を忘れているからでしょう。その上、格別「伝えたい」という事柄も気持ちもないのでしょう。教科書を作ることで自分たちを表現しているわけではないのです。文部科学省の指導要領に従って材料を集め、ちょっと手を加えて、売り出しているだけだと思われます。

くらべてリボンさんやOさんの書いた文章には、気持ちと言葉のあいだになんの齟齬もなく、言葉は気持ちそのもののように見えます。言葉のつながりが気持ちに沿っていて自然です。そして文章全体は地に足がついて、しっかり空に向かって立ち、伝えたいことを素直に語っています。検定教科書の英文は、まるでマッチ棒で作った小さな人体模型のようです。見ているそばから崩れて無惨に塵の山になってしまいます。

ある中学校の授業

Oさんは小学校卒業までは英語には触れていません。中学校にはいってすばらしい英語の授業に参加しました。Oさんの学校の英語の授業には柱が三つあります。一つはイギリスのコースブック(教科書ですが、もちろん文科省の検定教科書ではありません)を使うこと、二つめは多読を取りいれる

こと、三つめは先生は授業中に英語を使うことです。加えて、英語の授業全体を「授業の主役は生徒」という大前提が支えています。

その成果は2006年の中学3年生の時に表れました。夏休み前にOxford Reading Treeシリーズに似た体裁の絵本を中学3年生一人一人が自作しました。作品はどれも自由闊達で、どの作品も見事に英語で自分を表現しています。中学3年生の夏休み前にこれほどの表現力を獲得するとは本当に驚きですが、リボンさんの 'The Lost Teddy' のまっすぐ延長上にあることはすぐに納得できると思います。

ほかにもこの学校の中学生が創作した絵本の一部を、同校のサイトで見ることができます（http://www.ohyu.ed.jp/~english/tadoku/kp/kptop.html）。わたしはそこに並んだ作品を見たら、どんな英語の先生も英語教育について考えを変えるだろうと予想しています。サイトを訪問する先生方は、これまでの自分を否定される覚悟が必要だと思われます。

孤立した英作文では達成できない……

その夏休みのあと、Oさんが自分で書きはじめたファンタジーがさきほどの魔女っ子Nellieの物語です。長さは約8000語にのぼります（全文はわたしのウェブサイトで見ることができます。http://tadoku.org/）。中学1年から授業で多読をはじめて、このファンタジーを書きはじめたのは約70万語読んだころだったそうです。そうするとおおまかに言って、中学生では数十万語で樽は溢れる……らしい（？）。

リボンさんの小学校2年のときの文章のように、綴りや文

法の間違い、表現の間違いはいくつもあります。けれどもそうした細部を越えて、物語と、それを語る喜びが読む人に伝わってきます。短い冒頭文だけで、作者（Oさん）には伝えたい物語があること、その全体の方向が作者には見えていること、その中で冒頭部分はどうはじまるべきかしっかり意識していることなどが読み取れます。そうした全体の構想があるからか、文章全体が快適に流れています。これは「英作文」では絶対に出てこないものです。いわゆる英作文は「孤立した文の英訳」ですから当然といえば当然です。

§2 「物語の力」──言葉の根源？

リボンさんも、学校絵本の作者たちも、Oさんも、「物語」という形で樽が溢れました。これは偶然ではないとわたしは考えています。もちろんリボンさんたちが英語を話す人と会ったら、きっと気持ちをある程度は（たとえばOxford Reading Treeで読んだ範囲内の英語で）表せるはずです。リボンさんは小学校5年でそれができたという報告を受けています。この人たちは「物語」を通して英語を吸収し、「物語」として英語を溢れさせました。「物語」にはとてつもない力があるかもしれません。それが読み聞かせを通して、また数百冊の読書を通して、こどもたちの心と想像力にじかに働きかけ、こどもたちの言葉を豊かにしたのかもしれないのです。

「物語の力」の検討は次の章に譲るとして、実は「物語の力」を想定せざるを得なくなったきっかけは、リボンさんや

さきほどの学校の例の前にすでにありました。二つ紹介しましょう。

中学1年生がスティーブン・キングを読んだ!

それは外国語学習の常識をはるかに越える中学生たちの、2002年と2003年の例です。

2002年の12月に信じられないことが起きました。その年の4月から多読をはじめた中学1年のMくんが、アメリカの人気作家スティーブン・キングの長編小説 *IT* を読んだのです。

実はその前にもMくんには何度か驚かされています。たとえば夏休みに「ハリー・ポッター」シリーズの第1作『ハリー・ポッターと賢者の石』を読みました。もっともこの時にはそれほど驚きはしませんでした。『ハリー・ポッター』は非常に魅力のある本だということを知っていたからです。Mくん以前にも高校2年生が発売されたばかりの第3作を5日間で読み終わるのを「目撃」しました。その人の「3割しか分からなかったけれどおもしろかった」という感想をいまでも思い出します。

驚いたのは、夏休みが明けてすぐ、Mくんがさきほどのスティーブン・キングの 'The Body' という中編を読んだ時でした。10月のはじめころだったと思います。映画「スタンド・バイ・ミー」の原作を読みたいというMくんの求めに応じて、わたしは「読めるはずはない」と思いながら 'The Body' の原作のはいった *Different Seasons* という中編小説集を貸しました。すると2週間後に、もう一つの中編 'The

Shawshank Redemption' も読んだといって返してきたのです。

わたしは心底驚愕しました。公立中学1年生の秋といえば検定教科書ではまだ動詞の過去形も習っていません。もっともMくんは小学6年生の1年間、イギリス人の先生に入門期の英語を習っていました。しかしおとな向けの小説に出てくる語彙や文法は習っているはずがありません。これまでのどんな常識からも、帰国子女でもなんでもない中学生が、1年生の秋にスティーブン・キングを読めるはずはないのです。

いま思えばわたしは気が動転したのだと思います。次の週に同じ作者の *IT* を「これ読んでごらん」といって、Mくんに押しつけました。この *IT* はハードカバーで800ページもありました。「ハリー・ポッター」シリーズでいちばん大部な第5巻が総語数約24万語だそうです。*IT* は amazon.com によるとその2倍近く（44万語弱）もあります。ちなみに *The Lord of the Rings* はおなじく amazon.com によると、3巻で47万語弱です。いま思えばわたしが *IT* を押しつけた本心はMくんに無理やり「先生、読めませんでした」と言わせたかったのだと思います。間違いなく児童虐待です。

けれども1カ月後Mくんは「先生、おもしろかったです」といって *IT* を返してきたのでした。わたしはもう驚きを通り越して、めまいがしそうでした。わたしは中学1年生が、多読をはじめて8カ月で、スティーブン・キングの1冊44万語近い大作を、1カ月で読んだ、という事実は、なかったことにしました。真剣に考えたら英語教師としての自分が危

うくなると感じたからです（もちろんMくんの読んだハードカバーはわたしがその15年くらい前に買って、10ページほどで投げ出した本だったことも「臭いものに蓋」をした理由だったでしょう）。いずれにせよ、Mくんの例はMくんが特別なのだろうということで、棚上げにしました。

追い打ちをかけるように……

そうやって「Mくん事件」を胸にしまって1年2カ月経ったころ、眼をつぶるわけにはいかない事件が起きました。今度もやはり中学1年生で、名前をTくんといいました。Mくん同様帰国子女ではなく、さらに小学校時代に英語を習った経験もなく、いわば純粋培養の日本の中学1年生でした。

多読をはじめたのは中学1年の7月で、そこから8カ月経った2004年の2月にわたしに電話をかけてきました。Tくんは毎月1度くらい私に電話で多読の進み具合を報告していました。1月には秋から読むと宣言していたシドニー・シェルダンのペーパーバックを全部読んだという報告があって、かなり驚きました。そこへ2月の電話でわたしは多読の引き起こす異常事態を直視するしかないと覚悟を決めたのでした。Tくんがわたしに告げたのは、スティーブン・キングの *Firestarter* という小説を読んだという報告でした。長さは15万語、つまりおとな向けの小説としてもかなり長めです。

例外的だが、例外ではない

Mくん一人のときは特殊な例と片付けられました。けれど

も時を置かずに2例目が見つかったとなると、特殊な人たちとして「なかったこと」にすることはできません。わたしは、多読によってとんでもないことが起こっている可能性を考慮せざるを得ないと思いました。特殊なのはMくん、Tくんではなく、多読という方法かもしれないと考えたのでした。

2004年の春には、この二人ほど派手ではないけれども、学校で習っているレベルをはるかに越えるペーパーバックを読む中学1年生と2年生がほかに4人いました。わたしは春休み中に、全員に聞き取り調査をしました。その結果、国語の成績や数学の成績、読書は趣味か否か、両親の英語歴など、どれをとっても6人に共通点はありませんでした。唯一の共通点は英語の成績がよいことでしたが、これは多読が原因なのか結果なのか判然としません。日本語の読書に至っては、英語をいちばんたくさんよく読んでいたMくん、Tくんは6人の中では読書をしない方だということがわかりました。

わたしは共通点が英語の成績以外にないことを歓迎しました。共通点がないということは「多読は人を選ばない」ということを意味します。つまり多読がどんな好みや傾向や性格の人にも通用する可能性があると考えられたのです。

高校2年で「読むバイリンガル」

その後現在まで、本章の最初に書いたように多読をめぐる何百何千という実践報告には驚くことがいっぱいです。毎週のように、「そんなことがあり得るのか？」という報告が相次いでいます。いくつかを簡潔に紹介しましょう。

高校1年で多読をはじめて、2年の秋にスタンダールの

『赤と黒』の英訳を読んだ生徒がいます。日本でも『赤と黒』の翻訳を読むのは高校生くらいだとすると、1年半で「読むバイリンガル」になったといっていいでしょう。音と文字が結びついていれば「聞く」についてもバイリンガルのはずですが、この人についてはその点は確かめていません。「話す」、「書く」についても確かめていません。

大学生の場合

　大学生は中高で英語に触れています。そのために多読だけの影響ははかりにくい人たちです。その中で、センター試験の成績がひどく悪かった二人について、どれほど急速に英語を読めるようになったかを報告しましょう。

　一人は大学入学時にセンター試験の点数が200点満点中86点でした。所属していた学科でいちばん低い点数だったそうです。多読指導を受けはじめて2年半たったところで、当時発売直後の「ハリー・ポッター」シリーズ第4巻を読みました。また、3年次にその学科で英語の統一試験をしたところ、いちばんよい成績だったということです。おそらく多読が原因だろうと思われますが、もちろん多読以外の英語の授業も受けているので、その成果という可能性もあります。

　もう一人はセンター試験は90点という学生です。2006年の10月から多読クラスを受講しはじめましたが、自分の「英語力」に自信がなかったのでしょう、1月の終わりまでごくやさしい絵本ばかりを読み続けました（わたしは多読支援三原則の第2条「押しつけない」を守って、レベルを上げるようにはいいませんでした）。ところが2月に突然Rainbow Magicシリーズという小学校低学年向けのペーパーバックを読みはじめたのです。その直前に読んでいた絵本に比べると難しさは格段に上です。そうして1カ月間に10冊近くのRainbow Magicシリーズを読み、2007年3月のTOEICの得点390点から、5月に480点、6月に590点と上がりました。3月の受験の前に1カ月間受験対策をしています。

大人の場合は？

　大人の場合は中高大学時代または社会人になってからも何らかの形で英語の勉強をしている人が多く、多読の影響は推定しにくい面があります。その中でほぼ「ゼロからはじめて溢れた」と思われる人を紹介します。

　この人はさきほど触れた「350万語で樽が溢れた」人です。350万語読んだところで英会話学校入学のために「レベル・チェック」を受けました。多読以前には海外旅行で話せたのは「Nice to meet you.と My name is 〜 だけ」だったそうですが、350万語読んだ後では「レベルチェックの間、30分、しゃべりっぱなし」だったのです。これも見事に溢れた例といっていいと考えられます。

　おなじような実感は「SSSの掲示板」（http://www.seg.co.jp/sss/）と呼ばれるインターネット上の掲示板に多数報告されています。しかもそのどれもが2、3年あるいはそれ以下という短期間で、多読以前から読みたかった原書が読めたといった手応えを感じています。わたしが「物語の力」を仮定しなければならなくなったのは、そうした圧倒的な数の

体験を見聞きしたためでした。

まとめ

　本章で紹介した例は多読の宣伝のためではありません。多読の「効き目」についてはすでにかなり知られるようになっていて、もう宣伝の必要はないと思われます。さきほどの「SSSの掲示板」や「多読村」の掲示板（http://tadoku.org/）でもそのことは歴然としていますが、ほかにもインターネット検索で「多読　効果」と入力してください。多読の効果について、数多くの正直な感想を知ることができます。

　本章の例は、「多読三原則を利用した多読」がこれまでの英語学習とはまったく異なる結果を引き起こすことを言いたかったのでした。くわしく紹介したこどもや学生の例は程度の差こそあれ、どれもほぼゼロからはじめた人たちばかりです。言い方を変えて「学校英語から遠いところにいた人たち」と呼べばもっと正確かもしれません。いずれにせよ、この人たちは、いわばこどものように「まっさらな心と頭」で英語の読書（読み聞かせ）に入りました。そして、従来の英語学習では想像もできない短期間で「英語を母語とおなじように使える」域に、近づいていったのです。次の章では本章の例から垣間見える未来を語ります。

コラム　物語の力は物語として表れる

　ちょっとむかし、ここからそんなに遠くないところに、男の子とおかあさんが住んでいました。男の子はまだ小

学校に入っていませんでしたが、おかあさんは英語や日本語の絵本の読み聞かせをする一方で、男の子をある大手の学習塾チェーンに入れて、問題をやらせていました……。

　さて、次の下線部に、あなたならどんな言葉を入れますか？

問題：
1　ねずみがあなに_____
2　本が_____
3　ねこがいすの上で_____
4　五だいのくるまがいっせいに_____

　選択肢は、「ある」・「かくれる」・「ねる」・「はしる」（それぞれの述語に誘導すべく挿絵があります）

なんのためらいもなく次に挙げる正解を答えた人もいるかもしれません。ちょうどこの未就学児のおかあさんのように……。

　正解は、
1　（ねずみがあなに）かくれる。
2　（本が）ある。
3　（ねこがいすの上で）ねる。
4　（五だいのくるまがいっせいに）はしる。

幼いころのわたしだったら、3秒で正解して、満点をもらって得意になっていたでしょうね。

ところが、おかあさんは息子さん〔ここではパピーくんとします〕の答えを見て愕然としました。

ですが、パピーの答えは
1 （ねずみがあなに）はいって、びいるをのむ。
2 （本が）としょかんにいっぱいあるから、かりにいこう！　ちゃんとかたづけてね。
3 （ねこがいすの上で）たって、きっちんのおかずをのぞく。
（〔おかあさんの注〕パピーがいつもやっていること！）
4 （五だいのくるまがいっせいに）じこにあう。けいさつがくる。

でした。解答欄からはみ出した字がプリント一面に躍りまくっています。

さて、そこでおかあさんはどうしたでしょうか？　試験対策であれば余計なことを書かないように指導するところですが……。

私はとても、×をつける気にはなれませんでした。

学校のテストなら、「選択肢を無視している上に余計なことを書いている」で×になるでしょう。かかった時間もすごかった。

でも、随分と言葉の豊かな子になったものだな、と少し感動したのです。

正解である例文の、「(本が) ある」だけでは、パピーにとっては、まったく文章になっていないのでしょう。パピーの作った文章も完璧に正しい日本語ではありませんが、溢れ出てくる何かを感じました。

パピーくんは小さいころからずっとおかあさんに日本語や英語で読み聞かせをしてもらいました。そのためか、パピーくんにとってすべての言葉は「物語」でなければならないのかもしれません。おかあさんが言うように「本がある」だけでは「文章になっていない」のでしょう。わたしが「言葉の最小単位は語ではなく、文である」という仮説を持っていることは191ページで述べました。さらにまた、「文」とは、「そこから物語を再生できるもの」とわたしは仮定していますが、パピーくんの「作文」はまさにそれをそのまま表していると思います。五つの「文」はどれも、その前になにが起きて、その後何が起きるかを想像することができます。物語の一部なのです。

ひるがえって、正解の「文」はなんと貧しいことでしょう。そして日本の教育はこういう問題に即座に正解できるこどもを作り上げようとしてきたのです。

パピーくんのおかあさんは最後にこう書いています。

> 「物語」というのは多読の大事な要素だと思います。〔中略〕特定の幼児教材をさせたわけではない。テレビから入ってくる情報量はきわめて少ない子。
> 　唯一たくさんの絵本を読んできた、ただそれだけがこれだけ大きな影響を及ぼしたのだろうか、と私はびっくりしました。さて、英語の絵本は、日本語の倍以上読んでいます。溜め込んでいる英語があふれ出したら、こんな風に英語を書くことができるのかなあ……〔略〕

この「事件」のあとすこしして、おかあさんは男の子に学習塾チェーンの問題をやらせなくなったということです……。どっとはらい。

第9章 物語の力
　　　——どこから来て、どこへ行く？

　前章で紹介した「成果」を見ると、多読がこれまでの学習法とはまったく違うらしいと思われてきます。その違いを生む大本を、わたしは仮に「物語の力」と呼ぶことにしました。これまで日本の外国語学習法は言葉を世界から切り離して知識として扱ってきましたが、多読は言葉を世界と物語にもう一度結びつけるように思われます。そのためなのか、多読では従来の学習法では考えられなかったことが起きます。わたしはたくさんの例を見て、そうした変化の原動力を考えざるを得なくなり、「物語の力」を想定することになりました。物語の力はどこから来るのか？

　本書のしめくくりとして、実例を参考に物語の力の源を探ります。そして従来の学習法とまったく異なる外国語の獲得を考えます。それは読むことだけではありません。2002年に『快読100万語！　ペーパーバックへの道』で発表した多読三原則は、さいわい何千人という人の支持を得て聞くことへと広がり、2008年春には話すこと、書くことへと続く道が見えてきました。物語の力はわたしたちをどこへ連れて行こうとしているのでしょうか？

> §1 「物語の力」の源——単語は増えるか？

　検定教科書にはじまる従来の外国語学習法は訳語や文法規則といった**「知識を覚える」**ものだったとしましょう。それに対して多読は、言葉の連なりが表現する**「世界と物語を感じる」**ものと言えます。前者の「知識を覚える」ことは明示的で輪郭がはっきりしていますが、後者の「世界と物語を感じる」ことはどちらかというと暗示的で漠としています。そんなことで英語は身につくのでしょうか？　この節では辞書を引かなくても物語の力が語を増やしてくれる様子を見ていきましょう。

　たとえば個々の語をとっても、多読で得た語は往々にして日本語で説明できるものではなく、そのイメージは霧や煙のようです。どの語も次第に明確な姿を見せますが、それにはその語が使われる場面にたくさん出会う必要があります。何度も出会ううちに少しずつどこかに染みこんでいって、いつかは体になじみます。そして手や足のように、使いたいときに役立ってくれます。

　文法については、多読をいくら続けても決して「主語、動詞、関係詞節」といった明示的な「文法知識」は得られません。それは何年日本語を使っていても「連用形」や「主題」といった文法用語は知らないのとおなじです。けれどもたくさんの世界と物語に出会ううちに、「こういう場面ではどうもこう表現するような気がする」という**勘**が身につきます。

そして、その勘はいつの間にか染みこむものだけに、いつまで経っても離れることがありません。

　そうした「獲得」を可能にする多読のはじまりは霧や煙のようにはかなく頼りないものですが、実は非常に威力のあるものではないかと思われます。辞書を引かず文法を意識せずに外国語に触れつづけると、知っている語が増えるだけでなく、暗示的な「文法」も身につくらしいのです。これは母語についてはだれも疑わない「常識」でしょう。したがって、外国で暮らしたこどもが「文法知識」の助けを借りずにそこで使われる言葉を使えるようになっても、だれも不思議とは思いません。けれどもわたしは日本国内で外国語に触れているのにおなじような現象が起きた不思議な例をいくつも見ました。

　「物語の力」を物語るものとして、多読による語彙増強、文法獲得の様子を見ましょう。

反常識的語彙獲得

　まず語彙について、示唆に富む報告をいくつか紹介します。一つはある多読クラスの授業中に起きたことです。学生が1冊の絵本を読み終わったのを見計らって先生が「どうだった？」と声をかけると、「一つだけ分からない単語がありました」という返事です。「どれ？」とたずねると、学生はぱらぱらともう一度絵本をめくっていって、最後のページを見たところで困惑して「どれだか分からなくなりました」と言ったのです。

　このエピソードは貴重です。1冊の本を読むうちに語彙が

1語分だけ増えた、その瞬間を捉えたと思われるからです。しかもどの語が増えたかさえわからない……。まさに多読的語彙獲得の典型例といえるでしょう。つまりこの学生は頭の隅で「一つわからない単語があるなあ」と思いながら読みすすめていった。そして最後まで読んだ時には「わかる」ようになっていた。しかも、わかるようになったことを意識しなかった……。この場合の「わかる」とは明示的な知識を得たということではなく、漠然と「暗示的にわかった」のだといえるでしょう。

つまり、語を「明示的にわかって訳語に置き換えることができた」のではないのでしょう。そうではなくて、単にその語を含む文や話の流れの中で「**わからない語という突出した感じが薄らいだ**」というだけかもしれません。わからなかった語が周りの語となじんで「その語だけの意味や役割が気にならなくなった」と表現してもいいかもしれません。誤解を恐れずにいえば、「知っている語が1語増えたというよりは知らない語が消えた」だけかもしれません。消えてしまったので、もう一度探すことが困難になった……。

さらに誤解を恐れずにいえば、問題の1語はこの学生にとって宮澤賢治の作品に登場する「ざしき童子」なのかもしれません。たしかにそこにいるはずなのに、どの子かわからない……。そうした「正体不明のざしき童子」をたくさん心の中に住まわせること——それが語彙が豊かになることであり、世界をより豊かに楽しむことかもしれないのです。

おなじことがもっと大規模に起きた例もあります。ある人が多読をはじめて30万語ほど読んだところで、永年の憧れ

だったスティーブン・キングの小説を読みました。辞書を引かない読み方はできるようになっていたそうですが、わからない語に下線をつける癖は残っていたのだそうです。その後300万語以上読んだところで再びその本を開いたところ、30万語時には線をつけた未知語のほとんどがわかるようになっていたそうです。さて、この人の心には一体何人のざしき童子が住みついたのか？

ざしき童子の消える瞬間——語の役割を体得すること

おなじように、辞書を使わないのに語彙が増えたという感想を持つ人は数限りなくいます。多読をした人たちは例外なくそうした感想を持っていますが、日本語でもおなじことが起きています。けれども、これまでの外国語学習の常識では、「日本語は母語だから辞書や文法によらない獲得が可能なのだ。たとえば英語は母語ではなく、日本では日常生活に英語を必要とする環境がないので、日本で英語を学ぼうとする限り、辞書と文法は手放せない」ことになっていました。

多読によって語の「役割」を体得するとか「語感」が染みこむということはどういうことなのでしょうか。多読で得た語の知識は少しずつ中心がしっかりしてきます。しかも核心が染みこむ一方で、周りの語と馴染んできます。*A Cat in the Tree* で何度も出てきた climb がよい例です。「両手両足を使って移動」という核と wall や tree や ladder となじむ周縁部が体に染みつきます。その様子を想像してみましょう。

（こどもの場合はこれからお話しする面倒な手順は一切なしに climb の核心をつかみます。こどもの心にはざしき童

子しか住んでいないのでしょう。ただし日本語に訳せるという意味ではありません。そもそも climb にぴったり対応する日本語はないようです。)

A Cat in the Tree を「絵とともに読む」と、climb down のページ（236、241ページ）で「climb＝登る」という一対一対応が揺さぶられます。はじめのうちは気がつかない場合もあるでしょうが、さまざまな場面で climb を見るうちに「climb＝登る」がぼやけてくるかもしれません。この段階では、気がつくというよりも「あれ？」という程度でしょう。けれども、おそらくわたしたちの気持ちの中に「疑いの種」は蒔かれたのです。

その後、ほかの絵本や児童書やペーパーバックを読むうちに、何度も climb に出会うことでしょう。たとえば 239 ページのコラムに書いたように、現代物のペーパーバックを読んでいると車に乗り降りするときによく climb が使われるようです。車に乗る場面をいくつも読むうちに「climb＝登る」という対応は少しずつぼやけてくるはずです。日本語では「車に登る」とは言わないからです。「climb＝登る」が unlearn（汚れを洗い流すこと）されはじめたと言えるでしょう。同時に「車の乗り降り」の動きと climb が頭の中で結びついてきます。climb out of the car のように、かならずしも上に向かう動作ではないところで使う場合も体に染みこんでいくはずです。そのうち climb down のように下へ向かう動作について使う例にも十分な回数触れることでしょう。いよいよ climb の本来の役割がおとなの頭の中の「climb＝登る」を追い出します。これが unlearn で、そうなればしめ

たもの、状況に合わせて up や down や into や out of を自在につけて、climb 本来の使い方ができるようになるはずです。

　今のところ、多読による「暗示的な語彙獲得」はこんな風に起こるのではないかと考えています。頼りないと思う人もいることでしょう。けれどもそもそも明示的に覚えようとしても、climb に当たる日本語の1語はありません。「よじる」という語が近いような気がしますが、「車によじ入る」というような使い方はしません。したがって日本語1語で climb を理解することはあきらめた方がよさそうです。

　その結果、climb の役割を暗示的に身につけた人は、「climb ってどういう意味？」とたずねられたときに、1語で答えることができず、答えに詰まることになります。答えに詰まることこそ「climb＝登る」という対応を unlearn できた状態、または明示的な理解から暗示的な理解にレベルが上がったと言ってもいいでしょう。

　おなじことは get についても、in についても、house についても、cold についても、expect についても、起こります。要するにすべての英単語について、訳語で理解することは原理的に不可能なことなのです（拙著『どうして英語が使えない？』を参照してください）。たとえば日本語を勉強する人の中には次のような話し方をするひとがいます。

「寒いコーヒーをください」
「来週の土曜日ね。日記に書いておきます」

それぞれ、「cold＝寒い」「diary＝日記」という一対一対応のまちがいですね。英語の cold は天気と飲み物の両方に使えますが、日本語では「寒い」と「冷たい」を使い分けます。また diary は過去を振り返る「日記」だけでなく、未来の予定を書きこむ「手帳」のことも意味するのです。なにより具合の悪いことに、日常生活で使われる「やさしい単語」ほど、訳語で理解することはあきらめなければなりません。

1000万語以上も多読した人が「基本的な語が訳せなくなった」と述懐するのを聞いたことがあります。それがまさに多読による学校英語の unlearn そして語彙獲得なのだと言えるでしょう。言い換えれば外国語を母語のように理解するようになったとも言えるでしょう。

多読による語彙獲得に必要な語数と時間

A Cat in the Tree では get が「つかまえる」の意味にも「降りる」の役割にも使われていました。この二つの例を見ただけで get の意味や役割を訳語で理解することは不可能だとわかります。では訳語を通した理解を離れて、一つ一つのの語の「母語的理解」に至るにはどのくらいの英文に触れなければならないのでしょう？　さきほどの例では1冊の絵本を読んで未知語1語が学生の語彙に加わりました。前章のスティーブン・キングの例では300万語読んで数百語あるいは数千語が語彙に加わったとしましょう。いずれにせよ、1語を獲得するのに大変な量の英文を吸収する必要がありそうです。また、検定教科書批判のところで書いたように、ネイティブ・スピーカーの語彙獲得の研究では1000語に触れて1

語という割合が提案されています。けれども日本国内ではもっともっと割合は低くなりそうな気がします。

そこで、単語集の暗記という「効率」を追求したやり方が広まっているわけです。中には語源で覚えようとしたり、派生語を覚えてあわよくば語彙を何倍かに増やそうという試みも絶えません。『赤尾の豆単』、『試験に出る英単語』をはじめとして、あの手この手の単語集が次々に出るのは、そうした「効率追求」のためであり、「語学は単語だ！」という単純な信仰の故でしょう。

単語集よりも効率的?!

単語集で訳語を覚えるのは実は非常に効率が悪いと考えられます。その上訳語で覚えるとかならず元の語との間にずれが生じ、意味や役割を間違えることになります。ところが「語学は単語だ！」というスローガンは単純なだけにきわめて呪縛力は強いようです。英単語をみてすぐに訳語を言えると、いかにも単語を「マスターした」ような気になれます。けれども付け焼き刃なのですぐに忘れます。すぐに忘れてしまうことはわかっていても、いまだに単語集は売れ続けています。わたし自身もかつて『豆単』で暗記しようとしたことがありますが、すぐに自分の限界に気づき、やめました。2ページほどで投げ出した挫折感はいまだに覚えています。けれどもいまでは、あれは自分の限界ではなく、単語暗記という作業の限界だったと思っています。

それに対して、「辞書を引かない、単語集で暗記もしない」多読はそうした作業よりもはるかに効率的な語彙増強の方法

かもしれません。前章の中学1年生の例を思い出しましょう。いちばん極端な成果の出た二人は8カ月ほどでスティーブン・キングの大部な小説を読みました。amazon.com によると、*IT* は43万語超、*The Firestarter* は約15万語の長さです。使用語を種類別にすると、どちらもおそらく1万種近いと考えられます。そしてこの規模の語彙は相当熱心に英語を勉強した大学生でも獲得していないと思われます。それほど多種の語を使って書かれた15万語や43万語を超えるペーパーバックを中学1年生が楽しめるということは、外国語学習の常識を根底から覆すものです。

これまでの「常識」では Paul Nation というニュージーランドの言語学者の5％説がよく知られています。「未知語を推察できるためには未知語の割合は5％程度以下でなければならない」というのです。大部なペーパーバックを楽しんでいる中学生は、未知語を推察して読んでいるとすると、この常識を見事にひっくり返すように思われます。

5％説の矛盾

中学生たちはおそらく1万種以上の語を使ったペーパーバックを読み終わったのですから、この「常識」によれば1万種近くの語の95％を知っていて、残りの5％は推察できたことになります。わずか8カ月で1万種類前後の語をわかるようになるものでしょうか？ 大学入試に必要な語彙は6000語とも8000語とも言われます。それだけの単語を覚えるために大学受験生たちは中学1年から6年間をかけます。それを超える語数を半年ちょっとでわかるようになることが

あるのでしょうか？

米国のこどもたちは100万語に触れて1000語獲得するという説に従うと、この子どもたちは8カ月で1千万語読んでいなければ、1万語の語彙は獲得できません。実際には二人ともその半分も読んでいないと思われます（Mくんは読書記録をきちんとつけていませんでしたが、わたしの推察では200万語から300万語でしょう。Tくんは1年後に800万語読んでいましたから、8カ月後の時点では500万語前後だと思われます）。英語を必要としない日本で、8カ月間多読しただけで、英語国の同年齢の母語話者とおなじほどの語彙獲得が可能とは想像しにくい話です。

逆に、もし8カ月で1万語という語彙獲得がなかったとすると、Paul Nationさんの言いだした「未知語は5％以下でなければ推測して読み続けることはできないという常識」が誤っていることになります。しかしPaul Nationさんの論文は世界中の学者が参考にしている有名なものです。多読すると、語彙習得を研究する学者たちの常識を越えることが起きるのでしょうか？

多読する人たちは常識を覆す

Mくん、Tくんだけではありません。おとなで多読している人たちも、数年で同年齢の母語話者が読む本を読むようになります。これまでは日本国内で英語を勉強していたら、ペーパーバックを読んだり、英語で話したりできるようになるには、何十年という時間がかかると考えられてきました。けれども何百人という実例で、読むことについてはすでにき

わめて短期間で母語話者に近くなることが明らかになったと思われます。多読には、何かこれまでには知られていない作用があると考えなければ説明できない現象だと思われます。

そこで「物語の力」を想定することになります。

1冊の本、一つの世界、一つの物語……

前章で紹介した人たち、そして多読でペーパーバックを読めるようになった人たちには例外のない共通点があります。どの人も多読開始からわたしの言う「読むバイリンガル（速さでは及ばないとしても、日本語の読書に近い読み方ができる）」に近づくまでに、少なくとも何百冊という本を読んでいることです。この人たちの多読経験は通常読んだ総語数で語られます。いわく「10万語通過しました」、いわく「100万語達成しました」、いわく「1100万語通過しました」という具合です。けれどもそこまでに読んだ冊数の多さもきわめて特徴的です。つまり多読で目安として掲げる100万語を読むのに、1冊で100万語の本を読むのではなく、1冊あたり数語から数万語の本を何百冊も読むのです。

それはそのまま「触れた物語の多さ」でもあります。何百冊もの本を読んで、何百もの物語に出会います。出会い方をくわしく見てみましょう。まず本を手にします。多読をはじめたばかりの人にとっては、どんなに薄い本を読むことも大きな冒険です。はたして読み終われるだろうか？　一体どんな物語が繰り広げられるのだろう？　読めるのだろうか？　楽しめるのだろうか？

軽い興奮と緊張で本を手にして、表紙を見て、物語の予感

が押し寄せてきます。それから表紙をめくって新しい世界を開きます。読者と冒険をともにする人物が紹介され、状況が次第に明らかになっていきます。主人公（たち）がその状況の中で動き始めます。そうしてページをめくるうちに心を奪われる物語が展開し、登場人物に共感したり、新しい事実を知って知的興奮を味わったり、はらはらどきどきしたり、ゆったりした気分を味わったりします。そうして最後のページに至って、物語は終わりを告げ、世界は完成し、本は閉じられます……（この「物語」にはノン・フィクションの「語り」も含めることにします。たいていの場合、導入部分があり、世界と歴史が展開されて、結末があるからです。それにひきかえ、図鑑やカタログは物語と呼びにくい場合がありますが、読者が切れ切れの情報をまとめて世界や物語を作ってしまうこともあります。鉄道の時刻表にロマンを感じるといった人たちです）。

　そうやって、一冊の本は一つの世界をつくり、一つの物語を紡ぎ出します。何百冊の本を読むと何百という世界を探検し、何百という物語を体験します。物語の中ではどの語も本の世界をつくるために**絶対に必要な所**で使われます。すべての「文法」は物語を紡ぐために**絶対に必要な時**に登場します。1冊の本を読むことは、そんな風に語や文法を本の世界や物語と切り離せない形で吸収することなのです。

本はジグソー・パズル

　一冊一冊の本をジグソー・パズルに喩えてみましょう。パズルも物語も、一つまた一つとピースがはまっていきます。

次第に人物や背景や状況が明らかになっていって、最後のピースを入れたところで世界と物語が完成します。ほーっと息をつきながらもう一度絵柄全体を見直すと、最初のピースから最後のピースまでの「旅」が蘇ってきます。旅の途中で出会った何百何千というピースや語には一つの無駄もありません。すべてがあるべき位置に、入るべき時にはまり、それぞれの役目を果たしています。一つ一つのピースや語は、絵柄全体・物語全体と切り離すことができません。たとえば climb down という表現は、木に登って降りられなくなった女の子やおとうさんと結びついています。The Snowman has gone. という表現は、雪が溶けて残った小さなかたまりと、空に舞い上がったときに頬に当たった雪のかけらとともに心にしみこんでいます。

　何百冊、何千冊の本を読むということは、何百何千というジグソー・パズルを一つ一つ作り上げていくことに似ているような気がします。そのいくつもの過程で、よく似たピース（たとえば get）に何度も出会います。でも、その度にまわりのピースとのつながり方がちょっと違います。出っ張りが一つで凹みが三つだったり、出っ張りばかり四つだったり……。けれども get の核はたぶんいつもおなじなのです。

ピース一つでは……

　単語集を使ったのではこうした出会いをすることはできません。わたしも中学校のころ単語カードを使いましたが、続きはしませんでした。たとえ続いたとしても、害にこそなれ、語を生きた形で吸収することはできなかったでしょう。なぜ

なら単語を一つ一つ別々に覚えていくことは、全体の絵柄も部分部分の絵柄もわからずにピースをポケットに溜めるようなものだからです。何千個集めようと、一つの絵になっていないので心に響かず、頭に残りません。しかも訳語で覚えたりしたら絶望的です。パズルのピースを裏返しにはめようとするようなもので、絵柄のどこにもはまりません。パズル全体を裏返しにすればはまりますが、それはとても普通の人にできることではありません。しかも絵柄は現れません。

言い方を変えれば、単語カードや単語集で覚えた語は5千種のそれぞれ違う語なので、5千のピースで5千種を覚えたことになり、効率的に思えます。けれども、5千の語はそれぞれの間に関係がないので記憶にとどめることは非常にむずかしいでしょう。どうしてもとどめたければ、おなじ5千種を何度も何度も見て記憶を新鮮に保つ必要があります。なんという辛い努力でしょうか。しかも「すぐに忘れる」、「間違った訳語で覚える」、「一部の意味しか覚えられない」といった欠点があります。

一方、多読にも非効率と見える側面があります。5千種の語一つ一つの周りに、いくつもいくつもすでに知っている語がついているので、5千種の語を獲得するためにその何百倍、何千倍の数の語に触れなければなりません。いかにも効率が悪そうです。けれども単語を暗記するのとはちがって「忘れにくい」、「訳語ではなくイメージが染みこむ」、「語の全体をぼやっとつかめる」という長所があります。その上、なによりも触れることが楽しみになるので、平気で続けられます。結局、まるで「ウサギとカメ」の話のように、のんびり多読

する人たちは、先を急いで単語を覚える人たちよりも早くたくさんの語を獲得できるのだと思われます。

> §2 「物語の力」の源——文法は身につくか？

では、本を読むことで語を吸収していけるとして、「文法」はどうなのでしょう？　文法もおなじように物語の力が吸収させてくれるのでしょうか？

文法も物語から

本章の最初に書いたように、多読を続けるだけでは「関係代名詞」とか「不定詞」とか「疑似関係代名詞」といった文法用語はわかるようになりません。そうした明示的な文法知識を得たければ文法解説書を読む以外にありません。けれども明示的な文法知識はだれにでも必要なものではありません。それはわたしたちが日本語の文法用語をほとんど知らないのに日本語を使っていることでもわかります。わたしたちはこどもの時に「学ぶっていう動詞の連用形って、なに？」などと親や先生にたずねたことがあるでしょうか？

とはいえ、これまでの常識では母語と外国語の獲得は異なることになっていました。「母語を必要とする環境にいないので、母語と同じやりかたをしたら大変な時間がかかる——だから辞書と文法を使って「効率的に」学習すべきである」というわけです。

わたし自身、少し前まではそうした常識を知らず知らずに前提としていたと思います。けれども多読によって、スーパ

―中学生たちだけでなく、社会人も驚くほどの短期間で洋書を読めるようになっています。語彙とおなじように、「文法」も多読によってきわめて効率的に獲得できたと考えるほかありません。

だからといって文法用語の知識が身についたわけではありません。文法知識を問う試験をされたら壊滅する場合もあります。そこで、多読した場合の文法知識を調べるのではなく、

多読だけでむずかしい文法を使った英文を読めるようになるか？

という問題を設定することにしましょう。わたしたちが物語を体験して、そこから暗示的に「文法」を吸収していくシナリオはないものでしょうか？

わたしはこれから書くエピソードについて何度か書いたり話したりしています。けれども文法の中でも特にむずかしいことになっている仮定法過去完了を中学1年生が理解した例として、ここでも取り上げることにします。

It should have been you.

その例は It should have been you. という文をめぐるものです。前章に出てきたMくんが多読開始後8カ月で映画「スタンド・バイ・ミー」の原作を読んだときのことです。Mくんはわたしが原作 'The Body' の入ったペーパーバックを渡すとすぐに読みはじめました。ごく快調に読んでいる様子でした。信じがたいことだったので、わたしはたまたま

横から見つけた It should have been you. を指さして「これ、どういう意味かわかる？」と聞きました。

わたしは多読三原則に対する多読「支援」三原則を提案しています。「教えない、押しつけない、テストしない」というものですが、みずから M くんに対して、第3条を破ったわけです。わたしが多読指導で「どういう意味かわかる？」などとたずねたのは後にも先にもこの1回だけですから、中学1年生が目の前でおとな向けのペーパーバックを読んでいることにどれほど衝撃を受けたかわかると思います。

M くんはさらっと「正解」を言いました。It should have been you. は辞書と文法で学習したおとなには、ほとんどだれにもわからない表現です。けれどもこの文を物語の中にはめこんでみましょう。

'The Body' の主人公は12歳の男の子です。物語のはじめは秋口ですが、同じ年の春に男の子の一家は10歳上の長男を交通事故でなくしています。このお兄さんは模範的な青年で、両親の期待を一身に背負う存在でした。食卓でもどこでも両親の注目は優秀なお兄さんに集まり、主人公は、自分は一家の「透明人間」だと感じていました。事故で亡くなったあとも、両親は悲嘆に暮れるばかりで、男の子は依然として両親の目に入っていないようです。そんなある日、男の子は兄の部屋に入ってみます。ときどき父親が入ってぼーっとしている姿を見ていたからです。すると男の子はそこに兄の亡霊が現れて自分に It should have been you. と言ったような気がしたのでした。

この要約はあまりうまくないかもしれませんが、こんな風

に要約しただけで「おまえが死ねばよかったんだ」、「おまえならよかったのに」という「正解」に達する人がいます。そういう人たちは、should はどういう意味か、have been となっているのはどういうことかといった細部にはこだわりません。話の流れから、男の子が「兄ではなく自分が死んでいたら両親はこんなに悲しまなくてすんだのではないか？ 自分は生きていていいのだろうか？」という疑問を持っていることを感じ取れれば、It should have been you. のこの話の中の役割を正しく理解できるのです。

「主役、やりたかったのに……」

ジグソー・パズルにたとえれば、It should have been you. というピースが物語の流れを受け継いでぴたっとはまった瞬間です。このピースの役割は二つあります。一つはこの物語で果たしている特有の役割（お前が「死ねば」よかったんだ）で、もう一つはほかの物語でも果たせる一般的な役割（おまえならよかったのに）です（この二つはおそらく読者の頭の中で分かちがたく存在していることでしょう）。

さらに児童向けのペーパーバックを読んで、たとえば学芸会の主役に選ばれなかった女の子が It should have been me. と述懐する場面に出会ったとしましょう。野球の先発選手に選ばれなかった男の子でもかまいません。「スタンド・バイ・ミー」の It should have been you. が印象的に残っていれば、その一般的役割から、「おれ（わたし）だったらよかったのに」という表現であることはわかりやすくなっているはずです。この物語特有の役割では「わたしが主役をやりた

かったのに」「おれが先発したかったのに」ということになります。

またもっとほかの本を読んで、You should have been there. という表現に出会ったとします。It should have been... とは少し形が違いますが、should have been の一般的役割が少しずつわかってくると、話の流れからわかるかもしれません。

たまたま最近読んだ本の中に You should have been there. があったので、直前からざっと日本語に直して、紹介しましょう。Michael Connelly という現代作家が書いた *The Last Coyote* というハードボイルド小説の一場面です。ロサンジェルスで起きた事件が、ある民間人の協力で解決します。ところがその民間協力者は 7 年前にミシシッピ州で二人を犠牲にする殺人を犯し、ロサンジェルスに隠れ住んでいたのです。別の事件の犯人だとわかって逮捕した場面を、逮捕した刑事が同僚の刑事に語っています。

「そいつの驚いたのなんの、なにしろ今日昼過ぎにまたやつの家に行って、言ってやったのさ。「この度は警察にご協力ありがとうございました。ところでお前を逮捕する。二人を殺害した容疑だ、この野郎！」ってね。やつのぶったまげた顔！　You should have been there.」

このセリフの翻訳はこの場面では「見せたかったよ」ですね。そして、より一般的な場面では「あんたもいればよかったのに」という表現が当てはまりそうです。

第 9 章　物語の力　289

こうした「出会い」を繰り返すうちに、should have been の雰囲気がおぼろげにわかってくるはずです。すると、should have killed や should have known といった場合もわかってくるでしょう。そうすると「should have＋過去分詞」という形が「実際には起きなかったことを嘆く場面」と結びついていることもわかってくるはずです。さらには、仮定法全般の大事な役割も「理解しかかっている」と言えるかもしれません。

物語 対 孤立した文

　読み聞かせや多読・多聴で獲得される文法事項はもちろん仮定法だけではありません。ほかのあらゆる文法事項もおなじように獲得されると思われます。それが血の通った物語の力といえるでしょう。物語の中で出会うことで、描かれている登場人物の心の動きまでも感じとれるからこそ、難解なはずの仮定法がいとも簡単に腑に落ちるのでしょう。

　たとえば第8章で紹介した *The Snowman* は読み聞かせてもらったKくんを雪の空に舞い上がらせる力を持っていました。そのわくわくする経験の最後に目にした溶けかかった雪の塊と The Snowman has gone. は、Kくんの「体験」とつながっています。この文の「現在完了」はおそらく単なる時間表現ではないでしょう。また、*Go Away, Floppy* というわずか16ページの絵本では、フロッピーという犬が家族中から「フロッピー、邪魔よ！　ペンキ塗ってるんだから」、「フロッピー、どっか行きなさい！　縄跳びしてるんだから」と邪慳にされます。これを読んだり読み聞かせてもら

ったりするこどもは、おとなたちからおなじように邪慳にされた経験を思い出します。そして絵の中でしょぽんとするフロッピーに共感しながら、Go away. という「命令形」やWe're painting. や We're skipping. といった「言い訳の現在進行形」が身に沁みることでしょう。そして邪慳にしたい気分の時に Go away. を思い出し、お手伝いを逃げる言い訳として I'm watching TV. が口をついて出てくるかもしれません。

　では、検定教科書や、文法書、問題集でもこうした「文法」は獲得できるでしょうか？　おそらく無理でしょう。何百人か何千人に一人はそうした明示的な理解を通して「should have＋過去分詞」のニュアンスを摑む人もいるかもしれません。けれども、物語を通してつかむ場合に比べて大変な時間がかかります。結局それだけの時間をかける我慢をできる人は英語の先生しかいないのではないでしょうか？　つまり一般の人にとって、明示的分析的な方法では、「should have＋過去分詞」の意味の陰影までは読み取れるようにならないといっていいでしょう。百歩譲っても、Mくんのように半年でわかるようにはならないでしょう。

　その原因は「幕間キョーゲン」で書いたように、学校英語の英文量が少なく、しかも物語になっていないからだとわたしは思います。教科書はさまざまな内容のごった煮です。一冊一冊の本のように、世界がはじまって物語が展開し、世界と物語が閉じる構造になっていません。世界を構成せず、物語を紡がない文章は、基本的に「孤立した文の寄せ集め」といえるでしょう。そこには読む人の気持ちを揺さぶるものは

ありません。その上最後に文法・語法の解説や練習問題がついていて、生徒は常に先生による理解度チェックや試験を意識しながら読みます。内容に「浸る」ことはまずありえません。*The Snowman* や *Go Away, Floppy* を読んだときの「疑似体験」は望むべくもないのです。

コラム　GⅠ、GⅡ、GⅢ

　本章の最初に、日本英語は訳語や文法規則といった「明示的な知識」を得ることを目的としており、対する多読は「暗示的なイメージ」を捉えようとするという意味のことを書きました。ところが振り返ってよくよく考えると、訳語や文法規則は実は少しも明示的ではなく、知識ともいえないあいまいなものだということがわかってきます。訳語が実は明示的ではなく原語との間に常にずれがあることは『どうして英語が使えない？』で書きました。ここでは文法そのものを疑ってみましょう。

　わたしのすすめる多読は辞書も文法も捨ててゼロから出発するものですが、典型的な反対意見では「まず基本的な文法をマスターしてから多読すべきだ」という主張があります。けれども「基本的な文法」とはなんでしょうか？　そもそも「基本的な文法」というものは本当にあるのでしょうか？　あるとして、だれか知っている人はいるのでしょうか？

　この問題を考えるために、GⅠ、GⅡ、GⅢという区別を想定しましょう。Gは grammar つまり「文法」のG

です。「文法」という訳語が相応しいかどうか、もちろん疑問です。そしてその疑問がGⅠ、GⅡ、GⅢという区別と関係してきます。

GⅠは一部の言語学者が想定している文法です。言葉のいちばん根底にある「文法」といえるもので、そうした学者たちによると、こどもは生まれながらにしてもっているそうです。その真偽は別として、いま問題になるのはその「普遍文法」はだれもどういうものなのかを知らないということです。「普遍文法」は先ほどの「基本的な文法」かもしれませんが、だれも明らかにできていないので、「マスター」しようがないわけです。

GⅡは「個別の言語の文法」と言えるでしょう。「日本語の文法」、「英語の文法」、「ウルドゥー語の文法」です。個別言語の文法が明らかになっていれば、「基本的な文法事項」が何かはすぐにわかります。けれども残念ながら自然言語で「個別言語の文法」が明らかになっている言葉はありません。歴史上世界でいちばん研究者が多いのは英語だと考えられますが、英語の「決定的文法」というものはまだありません。英語でさえ仕組みが明らかになっておらず、日本語も仕組みが明らかではないとすると、日本人が英語を勉強するときに何を基本としたらよいかも、わからないはずです。現在学校英語で基本とされて最初に習う文法は、英語の仕組みを科学的に理解して判明した「基本」ではなく、単に昔からそう教えられているという「仕来り」にすぎません。

そうした仕来りを集めたものを個別言語のGⅢと呼

ぶことにしましょう。これは時代時代によって、また集団ごとに、はっきりわかっています。「全然」のあとには「ない」が来るとか「いや漱石は肯定の前に使っていた」というような多少の意見の違いはありますが、GⅠやGⅡにくらべたら、はっきりわかっているといっていいでしょう。「三単現のS」も、「不定詞の副詞用法」も、「関係代名詞の制限用法と非制限用法」も、英語の仕組みを解明したものではなく、こういうときはこう言う（書く）と「正しく」聞こえる（見える）という「お作法集」にすぎないのです。国によって食事のお作法がちがい、それをマスターしていないと軽んじられますが、まったく違ったお作法で食べても食べ物そのものはおなじです。GⅢのことをわたしは「作法の文法」と呼びます。

　時代と社会と集団によって作法が違うように、ある集団に受け容れられるにはその集団の作法である文法（学者の世界、スラム街、ある特定の井戸端などの共通語）を学ばなければなりません。けれどもGⅢの「作法の文法」は言葉の原理に関係はありません。それを学ばなければその言葉が身につかない、あるいは時間がかかるというようなおおげさなものではないのです。

物語──浸ることの魔法

　わたしはたくさんの多読経験者の報告を見聞きしています。その過程で次第に、「浸る」ことや「疑似体験」がひょっと

すると言葉の獲得に大変な力を発揮するのかもしれないと考えるようになりました。「浸る」ことのできる素材を見つけてその世界を堪能すると、語も文の仕組みもきわめて吸収がよくなるようなのです。そのため、「物語に浸る」ことが実は外国語を獲得するいちばんの近道でありまっとうな道なのではないかと考えるようになりました。

これまでの「語学学習」は刻苦勉励、奮励努力というカーキ色に染められてきました。いわく「トレーニング」、いわく「ドリル」、「反復練習」、「暗記」、「根性」、「成せば成る」……そうした滔々たる流れに逆らって、わたしは快楽的な「浸る」ことを通した新しい外国語獲得を提案します。その前にまず「浸る」ことのすばらしさを確認しておきましょう。

魔法その1：モネの絵を見るよう……

言葉を媒体、物語を内容としましょう。もちろんそんな風にあっさり二つに分けられるものではありませんが、これまで日本英語は二つを分けてきたと考えられるので、その二分法に従って話を進めます。二つは不可分であることは第5章§4「言葉の最小単位」で説明しました。媒体である言葉を意識して文章を読むと、内容が吸収しにくくなります。たとえば昔『徒然草』を読んで内容が心に響かなかったとしたら、それは品詞分解や語釈に目がいきすぎたせいかもしれません。

それをモネの絵を見ることに喩えてみましょう。睡蓮を描いた大きな絵を思い描いてください。品詞分解や語釈をしながら『徒然草』を読むことはモネの大きな絵をごく近くから、たとえば30センチあるいは50センチしか離れていないとこ

ろから観察するようなものです。筆の先にどんな絵の具を載せて描いたか、またどんな風に筆を走らせたかはわかりますが、何を描いたかはわかりません。まして景色全体は見えません。もちろん筆のタッチを覚えることなど不可能です。

そこから少しずつ後ずさりすると、数メートル離れたところで突然もやもやした雑多な色の集まりだったあたりが水面に見えてきます。そしてもう少し離れると、睡蓮と水面と庭が陽光の中できらめいていることが了解できます。ところがその代わり今度は筆使いや個々の色は見えなくなります。似たように、『徒然草』も、品詞分解や語釈を忘れてさらっと読めば、わたしたちの毎日の暮らしに直接訴えてくるエッセイ集に見えてくるはずです。

多読が魔法のように思えるのは、細かいところは無視して、絵全体を見ていたはずなのに、筆使いや一つ一つの色の役割まで頭に吸収されてしまうことです。モネの絵を遠くから見て、その見事さに酔うとき、わたしたちは絵の面積すべてを1センチ四方に区切って仔細に見ているわけではありません。まったく目を向けない部分もあちこちにあるはずです。それなのに心を動かされます。見ていないはずの面積もかならずやなんらかの貢献をしているに違いありません。

全体と部分の関係は、わたしにはいくら考えてもわかりませんが、多読では全体と個は同時に吸収できるように思えてなりません。意識から外れていたはずの語や文法（GⅡ）が、知らないうちに自分のものになっていくのです。物語には力があって、わたしたちをその世界と物語に浸らせてくれます。言葉が伝える内容に浸るだけで、媒体である言葉そのものも

吸収されるようです。つまり語彙が大きくなり、文の仕組みが腑に落ちるようになります。第8章で紹介した「溢れた例」を思い出してください。まるで感情とともに入ってきた言葉が、時間の経つうちに頭の中で秘かに整理され熟成し、いつでも引き出せるようになるかのようです。

魔法その2：母語よりも早く……

しかも多読経験者のあまたの報告を見ると、それに必要な期間は母語よりも短い可能性さえあるようです。たとえば日本語でマイケル・コナリーの翻訳を楽しむには、生まれてから少なくとも12、3年はかかるでしょう。けれどもおとなの場合は、多読をはじめて数年で英語で楽しめるようです。多読の2番目の魔法は「外国語は母語よりもはるかに短期間で獲得できる」可能性です。これはこれまでの常識をすっかり覆すものです。

これまでの常識では、

* 日本国内の生活では外国語を必要としない
* したがって外国語学習には母語学習の何倍も時間がかかる
* だから辞書と文法を使って効率的な学習を心がけるべきだ

ということになっていました。その結果、英語学習の時間を取れないおとなにとっては、おとな向けのペーパーバックを読んだり、映画を字幕なしで楽しんだり、英語で世間話をす

ることは夢のまた夢、つまり単語暗記と文法学習を何十年も続けた人だけが手に入れられる（らしい）高嶺の花だったのです。

　数年前から多読が少しずつ広がるにつれて、こうした夢はそれほど高嶺の花ではないことがわかってきました。これまでの学習法では、英語嫌いだった人が数年でペーパーバックを読めるようになることなどまずありえませんでした。ところが「多読村」(http://tadoku.org/) や「SSSの掲示板」(http://www.seg.co.jp/sss/) を見ると、その「ありえない」ことが日常的に起きていることがわかります。

　ペーパーバックを日本語の読書のように「読める」ようになるだけではありません。掲示板には映画を字幕なしで楽しんだり、小説の朗読を聞くことを趣味にしたり、小説の作者にメールを送ったりする人がいることがわかります。なによりも投稿する人たちの、英語を楽しんでいる様子が非常に印象的です。ぜひ一度のぞいてみてください。こんなにも外国語と親しくしている人たちがいたのか、と驚くはずです。あなたが英語の先生ならば、「いままでわたしは何をやってきたのか？」といった根本的な疑問さえ湧くかもしれません。

　これまでとは根本的に違う言葉との付き合い方——それが多読です。多読はわたしたちをたくさんの物語に浸らせてくれます。物語に浸ると、これまでとは質も量も大違いの吸収が可能になります。ではこの「浸る魔法」を活かすにはどちらに向かって歩み出せばいいのか？　本書の最後でいくつかの提案をしましょう。

浸りさえすればおとなだって……

　こどもが親しい人の膝にのって物語に浸り、スポンジのように言葉を吸収していく様子は容易に想像できます。けれども、おとなになってしまったあなたはどうすれば浸れるのか？　また、こどもは物語の世界で遊ぶだけで満足するかもしれませんが、おとなは言葉を使ってさまざまなことをしたいはずです。浸ることから使うことへの道筋はあるのでしょうか？

　第2部ではほぼ多読に絞って話をしてきました。それは多読というやり方を納得できれば、言葉を使ったほかの活動にもほぼそのまま利用できると思われるからです。

　そのことがわかってきたのも、さきほどの掲示板や掲示板外の集まりで知った、多読を実践する人たちの報告によるものです。あの人たちはわたしが言い出した多読の先へ、勝手にずんずんずんと歩を進めていきました。その闊達さは実に驚くべきものです。わたしは多読を説いていたのに、多読で手応えを摑んだ人たちは多読とおなじ姿勢で多聴へ、会話へ、仕事へ、趣味へと大量吸収、大量発信を広げ、深めています。これから提案するさまざまな方法はほとんどすべて、すでに多読を実行している人たちからヒントを得たものです。

> **コラム　語学学習クリニックの症例報告**
> 　たいていのおとなは、わたしも含めて、学校英語に冒

され、ヘルペスのようなウィルスに悩まされています。そのために多読をはじめても大量吸収に結びつかず、なかなか英語の空を自由にはばたけないことがあります。以下に、語学学習者によく見られる症状と治療法の一部を参考までに列記します。

* **単語強迫症**：すべての単語の意味を特定しないと気が済まない。
   →極端な場合は常に辞書を持ち歩き、すべての単語の意味を調べずにいられない。読書の際も、内容をとらえるというよりは知らない単語がないかどうかをたしかめている。

   治療法：治療は比較的容易で、一つ一つの語が気にならないほどおもしろい本にぶつかれば徐々に治癒へ向かう。ごくたまには英語を獲得したいというよりも、単語を増やしたい人がいて、そういう人たちは治癒を望まないことが多い。

* **品詞分解症**：すべての単語の品詞を特定しないと気が済まない。
   →文法症候群のもっとも重篤な症状。読書を楽しむというよりはパズルを解くように英文に接する。英文はすっかりばらばらにされ、内容は死んでしまうが、一向に気にしない。

   治療法：病膏肓に入った場合は治療はかなり難しい。というより、完治を望まない患者が多いので、個室に収容して放っておくことがいちばんと思われる。

* **問題偏執狂**：英語力とは試験問題を解けることだと思っている。
  → 英語単独で発症することはあまりなく、そもそも学校に行く意義は試験問題に正解できることだと信じて疑わない。

  治療法：以前は大学を卒業すると自然治癒したが、英語の場合はTOEICの普及により、卒業後も抜け出せない患者が増えている。問題集を離れて実際に英語を使う機会があれば、自覚症状が芽生え、回復に向かう場合もなしとしない。

* **点数至上症**：いわゆる「点取り虫病」。数字しか頼れるものはないと信じている。中でも、英語力とは入試、英検、TOEIC、TOEFLなどの資格や点数そのものだと思っている。
  → ほとんどの患者の場合上の三つの合併症。どれも数値で表現されるために明快かつ一見説得力がある。

  治療法：そのために症状としては重く、回復は難しい。実際に英語を使ってみて点数の虚しさを知る機会があれば回復に向かう可能性なしとしないが、試験にかかずらっている程度により治療の難易度が異なる。

* **英語潔癖症**：自分の部屋や机は混乱の極みにも拘わらず、英語のこととなると突然几帳面になる。
  → 学校時代の英語授業のトラウマから、ほかのことはいい加減にできるのに、英語についてだけは100%を目指してしまう。極端な症例では、英語の本を読むときに辞書と鉛筆が放せない。

> **治療法**：上の四つの症状に通底する心身症である。自らを直視する勇気と余裕次第では回復の可能性もあり、自己の生活態度との矛盾に気がついた途端に辞書を捨てて、英語が読めるようになったという患者もいる。

いかに浸るか？

では、どうやったら浸れるのでしょう。外国に行っても浸れるとは限りませんが、次のような浸り方もあります。うまく行けば外国で暮らす以上に言葉を吸収できる場合もあります（1年程度英語国で暮らしても、言葉の吸収が十分ではないことがよくあります）。

＊読み聞かせ（絵本）

これはおもにこども用ですが、おとな同士の読み聞かせも増えてほしいと思います。親しい人が自分のために読み聞かせをしてくれることは、最高の贅沢です。読み方も説明も自分に合わせてくれて、おもしろいところは一緒に笑っておもしろさが倍増します。それに、つまらない本は気楽に「やめて」と言えることも大きい！　とくに絵本の読み聞かせはいくつになっても楽しみなものです。多読を実践している人たちの中には、絵本サークルを作って、おとながおとなに読み聞かせをしている人たちもいます。おとなが絵本を心から味わっている様子はこの世の奇観ともいうべき感動的なものです。

*インターネット電話

これはつい最近可能になった方法です。世界中から相手を見つけて、話をすることができます。あるお母さんは話し相手募集のメッセージの中にI can English a little.と書いて、同年代の米国のお母さんと出会い、毎週インターネット電話を楽しんでいます。さいわい互いに思いやりがあり、関心も近いので、すばらしい浸り方をしているとのことです。これからはこの方法は当たり前になるでしょう（なお、男女の出会いを求める誘いもあるので、注意が必要です）。

*ゲーム

好き嫌いが分かれますが、もし好みにあえば、架空とはいえ「生死を懸けた」浸り方さえ可能です。現在わたしは大学の授業にビデオ・ゲームを利用する実験をはじめるところです。その成果はまたいつかお話しします。これまでの実験では学生たちは目を輝かせてゲームに向かい、時間を忘れ、英語であることを忘れて浸っています。少なくとも導入時にはすばらしい素材になりそうです。

*映画

最近はパーソナル・コンピュータとDVDが普及して、世界中の映画やテレビドラマを視聴できるようになりました。中には徹夜してでも見たくなる作品やシリーズもあるようです。

映画のよいところは、なんといっても言葉を使う状況が映像と音声で非常に印象的に訴えてくることです。とくに好き

な作品には心底浸ることができます。何度も何度も見たあとで、音声だけを録音してポータブル・プレーヤーに移し、歩きながらシャドーイング（耳から聞こえる音を間髪を入れず繰り返していくこと）という手もあります。場面と決まり文句の組み合わせで吸収すると、似た場面に出くわしたときその決まり文句が口をついて出てきます。わたし自身、自分で言ったことに、「あれ、いつこんな表現を覚えたんだろう？」と意外に思うことがよくあります。これは多読・多聴した人たち共通のうれしい驚きでしょう。

* manga

日本の漫画を翻訳した外国語版は世界中で大流行です。動きこそありませんが、状況と決まり文句の結びつきは映画と同じくらい印象的です。しかも日本の漫画が原作なのでとっつきやすく映画に比べて安価です。それに manga はたいてい何度も何度も、ひまなときに読み返すのが普通です。いま大学の授業でいちばん人気があるのは『のだめカンタービレ』ですが、手塚治虫、鳥山明、赤塚不二夫、大友克洋などの古典（！）も大人気です。

*朗読

7年前から多読をはじめた人たちが多聴へと歩を進めていったとき、最初に開拓した素材は小説の朗読素材でした。朗読にはいくつもよい点があります。たとえば多読をはじめたばかりの人には朗読はペースメーカーになります。朗読を聞きながらやさしい本を読むと、日本語に訳さずにすむ場合が

あります。少々わからなくても先を聞き進むしかないので、「わからないところは飛ばす」ことが自然にできるようになります。

けれども「浸る」という点でいちばんよいことは朗読は読み聞かせに似ていることです。読み聞かせと違って、こちらの都合に合わせて読んでくれたりはしませんが、映画をたくさん見て、本をたくさん読むうちに、朗読は映画の音声部分のようになることがあります。そして逆に朗読に合わせて頭の中で映像が展開するのです。自分で造った映像ですから、たっぷり浸ることができます。

*本

そして、本……。本は活字だけで言葉を表現しています。音もなければ、色もなく、動きもなければ、たいていは絵もありません。初心者にはなかなか浸りにくい世界かもしれません。けれども、活字に慣れた読者にはゲームも映画も比べものにならない世界を思いのままに造ることができます。さらに映画やドラマでセリフと状況の関係や、決まり文句のニュアンスなどがわかってくると、本を読んでいるだけで頭の中で登場人物が映画のようにしゃべりだし、動き出すことがあります。そうなると、読書こそ浸る世界の極致と言えそうです。

こんな風に「さまざまな物語に浸る」ために、わたしは「多読村」という名のウェブサイトを作っています。おとなが「こどものように無心に物語の世界で遊ぶ場所」にしたい

と考えています。本書で「物語の力」に関心を持った方はぜひ http://tadoku.org を見に来てください。いまのわたしの最大の課題は「おとながこどものように物語に浸るにはどうすればいいか？」ということです。わたしはこれからもその課題をめざして、多読を楽しむ人たちとともに道を切り開いていこうと思います。

まとめ：物語の力でどこまで行けるか？

　一方で多読三原則、もう一方で大量のやさしい本を2本の柱とする多読は、8年前に電気通信大学の授業からはじまりました。それはいまやインターネットやゲームや映画や朗読にまで発展して、幅が広がり、深みを増してきました。物語の力というパラダイムに加えて「浸る」というキーワードも見つかりました。「多読に多聴が加わって、白黒の無声映画がトーキーになったようだ」という感想を洩らした人がいますが、その通りだと思います。これからは音も含めた物語に「浸る」ことでトーキーがカラー映画になり、さらに3Dあるいは実体験そのものになっていくことでしょう。

　わたしは電気通信大学の授業で、話す方向へと歩を進める実験をはじめました。まずまずの手応えを感じています。あと3年ほどで、多読・多聴授業はたくさん話し、たくさん書くことへと広がると期待しています。その期待の一部はすでに社会人で多読をしている人たちが実現してくれました。インターネット電話を使って海外の人と英語で話をし、友だちになる人たちが出てきたのです。7年前に三原則による多読を世に問うたときには予想もしなかった進展です。

わたしの周りでは日本語混じりでもいいから好きなことについて英語を話してみようというサークルがはじまり、大変な成功を収めています。つまり、これまでほとんど英語を話したことのない人たちが、5分も10分も好きな絵本や本や映画のことを語り続けるのです。そしてそれを熱心に聞く人たちとのあいだで英語と日本語の混じったやりとりが3時間も続きます。

　最初は司会者の質問に Yes. や No. で答えるだけからはじまります。赤ちゃんそのものです。それからすぐに単語一つで、好きなものを説明しようとします。3歳児、4歳児あたりでしょうか。いいおとなが幼児のように話していますが、どの人も恥ずかしいとか、気後れは感じないようです。その原動力はたくさん読んだ本の物語の力、そして先生がおらず、集まる人たちが対等だからでしょう。さらに話題がお仕着せではなく、語りたいことを語る……。これで、たいていの日本人が外国語で話すときの最大の壁である「気後れ」が実にあっさりと取り払われたのです。このまま続けば、みなさん次第に英語年齢を上げて行くにちがいありません。そしておなじような気軽さで英語を書いて気持ちを伝えようとする人たちも出てきました。さらには少数ですが、多読・多聴から海外で英語で仕事をするようになったり、研究生活を送るようになった人も現れました。この先はひょっとすると天井知らずかとさえ期待しています。まるで多読三原則がたくさんの人たちの気持ちを解放し、一人一人が一斉に大空に羽ばたいたかのようです。

　多読から多聴へと歩み出した人たちは、これからもきっと

話すこと、書くことを深めていくでしょう。その際、こどもたちがわたしたちの水先案内人になるはずです。こどもの母語獲得方法を盗んで、おとなが外国語を身につけていくのです。

多読を実践する多くの人たちに導かれて、日本英語の質と量を批判した本書はとんでもない結論に達しました。一言でいえば「考えるより感じよう」ということです。また「苦しむより楽しもう」ということであり、「わたしたちの想像力を信じよう」ということであり、「頭よりも心を信じよう」ということでもあります。

わたしがはじめて *The Lord of the Rings* を読んで以来ずっと大切にしている言葉があります。それは魔法使いの Gandalf が主人公 Frodo の道連れ Sam に言った言葉です。その言葉をわたしは自分に言われた言葉と感じて、修士論文の巻頭に記しました。それから40年近く経ち、今再びその言葉がわたしにおなじ意味を持っていること、おなじ言葉で3冊目の著書を締めくくることに、不思議な既視感を感じないわけにはいきません。（これも「物語の力」なのでしょうか？）

その言葉を、過去、現在、未来の、すべてのこどもに贈ります。

"Don't trust your head, Samwise, it's not the best part of you."

新たなはじまり

　この本を書き終えたことが信じられません。執筆途中で削った文章が山ほどあって、その山が「おれたちをどうしてくれるんだ！」とわたしに恨みの籠もった視線を送っています。その一方で、この本の最終原稿ができたあとも多読実践者のみなさんはさらに先へと進んでいき、道の先で振り返って「鬼さんこちら」とほほえみかけてきます。後ろからと前からと、二つの誘いに耳を傾けていたらいつになっても書き上がらなかったでしょう。仕方なく「えいやっ」とばかり強引に区切りをつけました。

　本書は学校英語と日本英語の終末を予想していますが、同時に新たな外国語獲得のはじまりを宣言しています。いささか強引に第1部「日本英語の勘違い」から第2部「物語の力」へ飛躍しましたが、次はあなた自身が跳ぶ番です。
　あなたが外国語の学習者なら、「お勉強」をやめて、こどものように言葉を「楽しむ」ことにしましょう。あなたが外国語の先生なら、先生をやめてこどもに返りましょう。点数のために勉強させることをやめて、生徒や学生と一緒に言葉を楽しむことにしましょう。その楽しみ方をわたしは「こども式」と名付けました。はじまったばかりですが、もしこの

壮大にしてこどもっぽい試みに興味のある人はぜひ http://tadoku.org を訪ねてください。そして気に入ったら、一緒に新天地開拓に乗り出しましょう。だれも足を踏み入れたことのない原野を切り開くのは気持ちのよいものです。

本書で示唆した「母語獲得よりもはるかに短い期間で外国語を獲得できるか？」「語には一切注目せずに、文を言葉の最小単位として外国語を獲得することは可能か？」「おとながこどものように外国語を獲得できるか？」といった課題は、これまでの外国語教育では想定さえしなかったものです。

おとながこどもの真似をするなんて、たしかに途方もない話です。けれども、辞書も文法も無視し、最初から一切和訳せずにペーパーバックが読めるようになりますと主張した前著も、途方もない話でした。それなのに、騙されたと思って多読をはじめて、いままでにない充実感を味わった人はたくさんいます。あなたも騙されてみてはどうでしょう？

上に挙げた課題は誇大妄想だと言われても、いまのところ反論できませんが、肯定的な答を予想させる兆候はいくつかあります。あなたが学習者であれ、先生であれ、いままでの学習や授業では味わえなかった、わくわくする経験ができるはずです。途方もないからこそ、やってみる価値があります。だれもやったことがないからこそ、わくわくするのではありませんか？

本書に力を貸してくださったみなさんにお礼を述べて、長かった執筆についに訪れた掉尾の言葉とします。

まず最初に本書の原動力であり、刺激であり、知恵と知識

の泉である多読実践者のみなさんにお礼を申し上げます。とはいえ言葉ではこの感謝の気持ちは表せません。わたしのこれからの行動がいつか感謝の気持ちを伝えてくれることを祈るばかりです。また、酒井多読クラスの学生たち、社会人のみなさんにも感謝します。ありがとう！

そして、原稿を読んで意見をくださった繁村一義さん、藤原孝憲さん、高橋信恵さん、竹村祐司さん、山下孝光さんにお礼を申し上げます。書き上げる直前とはいえ、途中のものを丁寧に読んでくださって、ありがとうございました。厳しい意見、痛烈な感想、応援の言葉、どれも大切にしたつもりです。また大学でさまざまな面で執筆を支えてくださった研究分担者の金子克己さん、エリック・ハウザーさん、研究員の西森潤さんと研究協力者の大賀美弥子さん、そして歴代の教務補佐員のみなさんにも大きな感謝を献げます。

大変な編集作業をにこやかにこなしてくださった町田さおりさん、『どうして英語が使えない？』以来温かい目で見守ってくださった熊沢敏之さん、同書の原稿を熊沢さんに紹介してくださった西村芳康さんにもお礼を申し上げます。

書いては直し、直しては捨て……、家族には一体いつ書き上がるのかとあきれられつつ、でもはげまされました。出版を目前にして、わたしとおなじ複雑な心境のはずです。前著『快読100万語！　ペーパーバックへの道』からはじまる多読普及の時期は、家族全員にとって激動の時期でした。みんなよくがんばったね、ありがとー！

そして、この本を読んでくださったみなさん、ありがとう！　これからもよろしく‼

引用資料出典

資料① 『小さな世界——アカデミック・ロマンス』デイヴィッド・ロッジ、高儀進訳、白水社、2001年（新装復刊版）

資料② *Small World: An Academic Romance* by David Lodge, Penguin Books (New Edition), 1985. © David Lodge, 1984.

資料③ 『女には向かない職業』P. D. ジェイムズ、小泉喜美子訳、ハヤカワ文庫、1987（1992）年

資料④ *An Unsuitable Job for a Woman* by P. D. James, Penguin Books, 1989. © P. D. James, 1972.

資料⑤ *The Harry Bosch Novels vol.2, The Last Coyote, Trunk Music & Angels Flight* by Michael Connelly, Little, Brown and Company, 2003. © Michael Connelly, 1995, © Hieronymus, Inc., 1997, 1999.

資料⑥ *Slay Ride* by Dick Francis, Berkley Books, 2004. © Dick Francis, 1973.

資料⑦ *The Night Manager* by John le Carré, Hodder and Stoughton Limited (Coronet Books), 1994. © David Cornwell, 1993.

資料⑧　「緑の人」(『ブラウン神父の醜聞』所収) G. K. チェスタトン、中村保男訳、創元推理文庫、1982 (2008) 年

資料⑨　"The Green Man" from *The Scandal of Father Brown* by G.K. Chesterton, Penguin Books (New Edition), 1978.

資料⑩　『盗まれた独立宣言』(上) ジェフリー・アーチャー、永井淳訳、新潮文庫、1993 年

資料⑪　*Honour among Thieves* by Jeffrey Archer, Harper Collins Publishers, 1997. © Jeffrey Archer, 1993.

資料⑫　山岡洋一「翻訳は進歩しているのか──岩波文庫の 4 種類の『国富論』が物語るもの」(「翻訳批評」2003 年 6 月号より)

資料⑬　『国富論』(上) アダム・スミス、山岡洋一訳、日本経済新聞出版社、2007 年

資料⑭　『蠅の王』ウィリアム・ゴールディング、平井正穂訳、新潮文庫、1975 (2008) 年

資料⑮　*Lord of the Flies* by William Golding, Faber and Faber Limited, 1999. © William Golding, 1954.

資料⑯　『恩讐の彼方に』菊池寛、『現代日本文学大系』44「山本有三・菊池寛集」所収、筑摩書房、1972 年

資料⑰　『たけくらべ』樋口一葉、『明治の文学』第 17 巻「樋口

一葉」所収、筑摩書房、2000年

資料⑱ 『真景累ヶ淵』三遊亭円朝、『明治の文学』第3巻「三遊亭円朝」所収、筑摩書房、2001年

資料⑲ 『英文法総覧』安井稔、開拓社、1982(1994)年

資料⑳ 『現代英語文法〈大学編〉新版』シドニー・グリーンバウム、ランドルフ・クワーク著、池上嘉彦・米山三明・西村義樹・松本曜・友澤宏隆訳、紀伊國屋書店、1995年

資料㉑ 『翻訳の方法』川本皓嗣・井上健編、東京大学出版会、1997年(引用した「翻訳の実践」の訳は、1=高橋克美、2=西山達也、3=柴田元幸、4=行方昭夫、5=天馬龍行)

資料㉒ 『翻訳の技術』中村保男、中公新書、1973(1989)年

資料㉓ "The Scandal of Father Brown" from *The Scandal of Father Brown* by G.K. Chesterton, Penguin Books (New Edition), 1978.

資料㉔ 「ブラウン神父の醜聞」(『ブラウン神父の醜聞』所収)G. K. チェスタトン、中村保男訳、創元推理文庫、1982(2008)年

資料㉕ 『暴走』ディック・フランシス、菊池光訳、ハヤカワ文庫、1978(2003)年

資料㉖ *Kiss & Tell* by Alain de Botton, Picador (Reissue), 1995. © Alain de Botton, 1995.

資料㉗ 『英文快読術』行方昭夫、岩波現代文庫、2003（2005）年

資料㉘ 『名訳と誤訳』中村保男、講談社現代新書、1989 年

資料㉙ 『神の手』(上) パトリシア・コーンウェル、相原真理子訳、講談社文庫、2005 年

資料㉚ *PREDATOR* by Patricia Daniels Cornwell, Berkley Books, 2006. © Cornwell Enterprises, Inc., 2005.

資料㉛ *The Great Gatsby* by Francis Scott Fitzgerald, Penguin Books, 1950 (1971). © Charles Scribner's Sons, 1925. Copyright renewed 1953 by Frances Scott Fitzgerald Lanahan.

資料㉜ 『グレート・ギャツビー』フランシス・スコット・フィッツジェラルド、野崎孝訳、新潮文庫、1974（2006）年

資料㉝ 『グレート・ギャツビー』フランシス・スコット・フィッツジェラルド、村上春樹訳、中央公論新社、2006 年

資料㉞ 『納得のゆく英文解釈』安井稔、開拓社、1995（1997）年

資料㉟ 『デセプション・ポイント』(上)、ダン・ブラウン、越前敏弥訳、角川文庫、2006 年

資料㊱　*Deception Point* by Dan Brown, Pocket Books, 2006. © Dan Brown, 2001.

資料㊲　*The Da Vinci Code* by Dan Brown, Corgi Books, 2004. © Dan Brown, 2003.

資料㊳　『ダ・ヴィンチ・コード』(上)、ダン・ブラウン、越前敏弥訳、角川文庫、2006年

資料㊴　『ナイト・マネジャー』(上) ジョン・ル・カレ、村上博基訳、早川書房、1994年

資料㊵　*An Introduction to Modern Japanese,* 水谷修・水谷信子、ジャパン タイムズ、1977年

本書は「ちくま学芸文庫」のために新たに書き下ろしたものである。

イメージを読む	若桑みどり	ミケランジェロのシスティーナ礼拝堂天井画、ダ・ヴィンチの「モナ・リザ」、名画に隠された思想や意味を鮮やかに読み解く楽しい美術史入門書。
てつがくを着て、まちを歩こう	鷲田清一	規範から解き放たれ、目まぐるしく変遷するモードの世界に、常に変わらぬ肯定的眼差しを送りつづけてきた著者の軽やかなファッション考現学。
英文翻訳術	安西徹雄	大学受験生から翻訳家志望者まで。達意の訳文で知られる著者が、文法事項を的確に押さえ、短文を読みときながら伝授する、英文翻訳のコツ。
英文読解術	安西徹雄	単なる英文解釈から抜け出すコツとは？ 名コラムニストの作品をテキストに、読解の具体的な秘訣と要点を懇切詳細に教授する、力のつく一冊。
英語の発想	安西徹雄	直訳から意訳への変換ポイントは、根本的な発想の転換にこそ求められる。英語と日本語の感じ方、認識パターンの違いを明らかにする翻訳読本。
〈英文法〉を考える	池上嘉彦	文法を身につけることとコミュニケーションのレベルでの正しい運用の間のミッシング・リンクを、認知言語学の視点から繋ぐ。（西村義樹）
日本語と日本語論	池上嘉彦	認知言語学の第一人者が洞察する、日本語の本質。既存の日本語論のあり方を整理し、言語類型論の立場から再検討する。（野村益寛）
文章表現 四〇〇字からのレッスン	梅田卓夫	誰が読んでもわかりやすいが自分にしか書けない、そんな文章を書こう。発想を形にする方法、〈メモ〉の利用法、体験の作品を作り上げる表現の実践書。
第2言語習得のメカニズム	ロッド・エリス 牧野髙吉訳	最も効率よく英語を学ぶには？ 初心者が必ず犯す誤りは？ 第2言語習得の仕組みを理論的に提示するいまだかつてなかったユニークな語学書。

「星の王子さま」をフランス語で読む	加藤恭子	「星の王子さま」——この名作の詩的な美しさと微妙なニュアンスを原文でじかに味わいつつ、面倒なフランス語の基本的な文法を習得する。
レポートの組み立て方	木下是雄	正しいレポートを作るにはどうすべきか。『理科系の作文技術』で話題を呼んだ著者が、豊富な具体例をもとに、そのノウハウをわかりやすく説く。
日本語はいかにつくられたか？	小池清治	太安万侶・紀貫之・藤原定家・本居宣長・夏目漱石・時枝誠記を主人公に、古代から現代まで、日本語の発見と創造を平易に語る。
現代日本語文法入門	小池清治	これまでの文法解説を超えて、格関係と係関係の多重構造として日本語文法を把え、さらに文の意味を最終的に確定するものは何かを考える。
どうして英語が使えない？	酒井邦秀	『でる単』と『700選』で大学には合格した。でも、少しも英語ができるようにならなかった「あなた」へ。学校英語の害毒を洗い流すための処方箋。
快読100万語！ペーパーバックへの道	酒井邦秀	辞書はひかない！わからない語はとばす！すぐ読めるやさしい本をたくさん読めば、ホンモノの英語が自然に身につく。奇跡をよぶ実践講座。
翻訳仏文法（上）	鷲見洋一	多義的で抽象性の高いフランス語を、的確で良質な日本語に翻訳するコツを伝授します！多彩な訳例と実用的な技術満載の名著、待望の文庫化。
翻訳仏文法（下）	鷲見洋一	原文の深層からメッセージを探り当て、それに言葉と形を与えて原文の「姿」を再構成するのが翻訳だ——初学者も専門家も納得の実践的翻訳術。
ことわざの論理	外山滋比古	「隣の花は赤い」「急がばまわれ」……お馴染のことわざの語句や表現を味わい、あるいは英語の言い回しと比較して、日本語の心性を浮き彫りにする。

さよなら英文法！　多読が育てる英語力

二〇〇八年十一月十日　第一刷発行

著　者　酒井邦秀（さかい・くにひで）
発行者　菊池明郎
発行所　株式会社筑摩書房
　　　　東京都台東区蔵前二─五─三　〒一一一─八七五五
　　　　振替〇〇一六〇─八─四一二三
装幀者　安野光雅
印刷所　三松堂印刷株式会社
製本所　株式会社積信堂

乱丁・落丁本の場合は、左記宛に御送付下さい。
送料小社負担でお取り替えいたします。
ご注文・お問い合わせも左記へお願いします。
筑摩書房サービスセンター
埼玉県さいたま市北区櫛引町二─六〇四　〒三三一─八五〇七
電話番号　〇四八─六五一─〇〇五三
© KUNIHIDE SAKAI 2008 Printed in Japan
ISBN978-4-480-09184-0　C0182